目录

夜晚的潜水艇

1966 年一个寒夜，博尔赫斯站在轮船甲板上，往海中丢了一枚硬币。硬币带着他手指的一点余温，跌进黑色的涛声里。博尔赫斯后来为它写了首诗，诗中说，他丢硬币这一举动，在这星球的历史中添加了两条平行的、连续的系列：他的命运及硬币的命运。此后他在陆地上每一瞬间的喜怒哀惧，都将对应着硬币在海底每一瞬间的无知无觉。

1985 年，博尔赫斯去世前一年，一位澳洲富商在航海旅途中无聊，借了同伴的书来看。对文学从无兴趣的他，被一首题为《致一枚硬币》的诗猝然击中。1997 年，在十余年成功的商业生涯后，这位商人成了财产不可估量的巨富和博尔赫斯的头号崇拜者。他收藏了各种珍贵版本的博尔赫斯作品，博尔赫斯用过的烟斗、墨镜、吸墨纸，甚至连博尔赫斯的中文译者王永年在翻译时用的钢笔他都收集了两支（此时王还在

世）。但这些仍无法平息他的狂热。同年春天，一个念头在黎明时分掉进他梦中，促使他资助了一场史上最荒诞的壮举。他要找到博尔赫斯扔进海里的那枚硬币。他买下一艘当时最先进的潜艇并加以改进，聘请了一批来自世界各地的海洋学家、潜艇专家和海底作业员（该团队由一名中国籍陈姓物理海洋学家担任队长）。富商深知他无法让这群精英为自己的白日梦效力，因此向他们承诺，将为他们的海底考察提供长久的资助，要求仅是他们在科研工作之余，顺便找寻一下那枚硬币的踪迹。陈队长问他："如果一直都找不到呢？""那我就一直资助下去。"

根据诗中信息，博尔赫斯是从蒙得维的亚启航，拐过塞罗时将硬币丢进海中。团队调取了那一年的洋流资料，并将塞罗周边海域划分成许多个边长一公里的正方形，逐块搜索。为了区分海底矿床及海中垃圾，他们特制了一台金属探测器，仅对微小体积的金属圆片产生

反应。结果只找到几枚大航海时期沉在海底的金币。考虑到那枚硬币已被盐分啃噬了数十年，很可能仅剩余一点残片，或者完全消融了。第二年，富商让他们离开塞罗，去全世界的海域开展科研考察，同时保持探测器开启，万一发现反应，再设法进行打捞。富商明白找到的希望微乎其微，但他认为找寻的过程本身就是在向博尔赫斯致敬，像一种朝圣。其间所耗费的财力之巨大和岁月之漫长，才配得上博尔赫斯的伟大。

阿莱夫号潜艇（名字自然取自博尔赫斯一篇小说的题目）的技术领先于同时代任何国家，为避免受到干预，这次考察行动从未向外界公布。潜艇定期在指定坐标浮出海面，同富商的私家飞机交接。飞机运来物资，同时将潜艇外部安装的摄像头所录下的影像资料带回去。富商每夜看着海底的画面入睡。考察进行了将近三年。1999年底，潜艇失去联系。推测是在探索海沟时失事。次年，富商病逝。他的孙女在多年后翻看他的遗物时发现了那些录影带。其中有一段不可思议的影像：

潜艇于1998年11月驶入一座由珊瑚构建的迷宫。探照灯照出绚烂迷幻的图景。队员们误估了两座珊瑚礁之间的距离，导致潜艇被卡住，动弹不得。六小时后，镜头拍到远方驶来一艘蓝色潜艇，向阿莱夫号发射了两枚鱼雷。鱼雷精准地击碎了珊瑚礁，艇身得以松动，快因缺氧而昏迷的队员连忙操纵潜艇，向海面升去。那艘潜艇则像幽灵般消失在深海，此后的航行中再未和它相遇过。

我国知名印象派画家、象征主义诗人陈透纳去世后公开的手稿中，有一篇他追忆早年生活的散文（也有人将其归类为小说），也许能为这一神秘事件提供另一种解释：

国庆时回了趟老家。老房间的旧床实在是太好睡了。随便一个睡姿里，都重叠着以往时光里无数个我的同一姿态。从小到大，一层套一层，像俄罗斯套娃一样。我觉得格外充实、安适，床是柔软的湖面，我静悄悄沉下去，在这秋日的午后。醒来时我打量这房间。窗帘上绘着许多棕色落叶，各种飘坠的姿态，和秋天很相宜。淡黄色杉木地板，淡黄色书桌。蓝色曲颈台灯。圆圆的挂钟，荧光绿的指针，很久以前就不转了，毫无缘由地一直挂在那里。墙刷过一次，仍隐约可辨我年幼时的涂鸦，像远古的壁画。这么多年过去了，我依然爱这个房间，尽管它不再是潜水艇的驾驶室。我该起床了。父母喊我吃晚饭的声音，好像从遥远的岁月里传来。穿衣服时，我依然无法相信自己已经三十岁了。

晚饭时母亲说起，上礼拜沈医生过世了，以前给你看过病的，你还记得吧。在妻子面前，父母绝口不提我生病那几年的事，这次她娘家有事，没跟我一起回来。我含着筷子嗯了一声。中学那几年，我像着了魔一样沉浸在病态的妄想里，自己倒不觉得什么，对我父母来说，那是噩梦般的几年。不过现在一切都过去了，我也结婚生子，进了一家广告公司，像个正常人一样生活。大家都觉得很欣慰。

从初中起，我为过度生长的幻想所缠绕，没法专心学习。没法专心做任何事。更小一些，谁也没觉察到症状，还夸我想象力丰富。我指着房门上的木纹，说这是古代将军的头盔，那是熊猫的侧面，爸妈都觉得像。有时我坐在地上，对着大理石的纹理发呆，想象这条细线是河流，那片斑纹是山脉，我在其中攀山涉水，花了一下午才走到另一块大理石板上。有一天我爸回家，发现我一脸严肃地盯着正在抽水的马桶，问我干吗，我说尼斯湖上出现了一个大漩涡，我们的独木舟快被吸进去了。我爸问我们是谁，我说是我和丁丁，还有他的狗。他也只是摸摸我的头说，要不要我来救你，不然来不及吃晚饭了。

这类幻想多半是一次性的，像一小团云雾，随处冒出，氤氲一阵又消散。只要有插图的书，我都能拿来发呆。对着一根圆珠笔芯我能看上一节课。所以成绩可想而知。四年级起，我迷上看山水画。我看到美术课本上印着的《秋山晚翠图》，一下就着了迷。我从画底的云烟里攀上山脚的怪树，一直沿着山涧，爬到画上方的小木桥上，在画中花了三天，在现实中则用了两节课。我在草稿纸上画出《溪山行旅图》里山峰的背面，设计出一条攀登路线，登顶后我躲在草木后边，窥探着山下经过的客商。我在一本图册上的《茂林远岫图》里游荡了一礼拜，想象自己如何从溪流边走到崖底，如何躲避山中猛兽，最后到达安全的山洞。老师经常向我爸妈告状，说我注意力不集中，上课老走神。

当钢琴教师的母亲决定教我学琴，来培养专注力。我开始苦不堪言地练指法，黑键白键在我眼中一会变成熊猫，一会变成企鹅。最后我觉得自己在给斑马挠痒痒。为激起我的兴趣，我妈给我弹了几首莫扎特，说等你练好就能弹这么好听的曲子了。我呆呆地听了半天，在一首曲子里，我乘着热气球忽上忽下地飞，最后飞进银河里去了。另一首说的是一个小男孩在湖面上用凌波微步跑来跑去。最后一首描绘夜里亮着灯的游乐场。我妈见我听得入神，问我感觉怎样。听我说完，她叹了口气，合上琴盖，说："你去玩吧。"原先我只能对画面胡思乱想，从此对声音也可以了。

初中后我对历史地理蛮有兴趣，但只是随便听一点，不甚了了。用这点零星知识作养料，幻想越发繁茂地滋长起来。我的脑袋像伸出了万千条藤蔓，遇到什么就缠上去，缠得密密实实的，还要在上面旋转着开出一朵花。我随时随地开小差，对着什么都能走神，时不时就说些胡言乱语，同学们都觉得我是怪人。成绩自然一塌糊涂。爸妈先是带我找了学校的心理辅导老师，后来又看了几次心理医生和脑科专家，有说我妄想症的，有说没毛病只是想象力太丰富的，总之都没辙，说等过几年孩子大了没准就好了。爸妈常常叹气，我倒觉得没什么。我能在莲蓬里睡觉，到云端游泳，在黑板上行走，追踪墨水瓶里的蓝鲸，我能一边挨老师的骂一边在太空里漂浮，谁也管不着我，谁也捉不住我。无数个世界任凭我随意出入，而这世界只是其中的一个罢了。

此外，我觉察到一些不同寻常的现象。当我想象自己在某幅山水画中攀爬，如果想得很投入，幻想结束后我会觉得浑身酸痛。有一晚睡前，我看了好久莫奈的睡莲，梦中我变得很小很小，在那些花瓣间遨游，清晨醒来后，枕边还有淡淡幽香。早饭时母亲问我是不是偷喷了她的香水。由此我推测，只要将幻想营造得足够结实，足够细致，就有可能和现实世界交融，在某处接通。如果我在幻想中被山林里跳出来的老虎吃掉，也许现实中的我也会消失。当然我没有尝试过。我只乐于做一个梦境的体验者，并不想研究它的机理。而且我相信，当幻想足够逼真，也就成了另一种真实。

初二那年，我发明出了新游戏：对着阳光里的浮尘幻想。这时我已经有了点粗浅的历史知识。我想象一粒尘埃是一颗星球，我把这颗星球的历史从头到尾想象出来，从学会用火开始，一直想到造出飞船去探索别的尘埃。其间当然参照了地球上的历史。随后我发现用一整天来设想几千年的事，结构太松散，破绽太多，因此幻想容易流逝。只要我乐意，我可以用一天来想那星球上的一天，但工程太大，也不好玩了。最后我决定用一天来编造一百年的历史，我设定好物种、资源、国家、陆地形状等等，想了几天，一切就自行发展起来。想象这回事，就像顺水推舟，难的只是把舟从岸上拖进水里，然后只消一推，想象就会自行发展。白日梦的情节，常常会延伸进我的睡梦里。有时我甚至觉得我们星球上所发生的一切，其实只是另一个人对着尘埃的幻想罢了。但我发觉这游戏有个缺点，就是无论我如何设置开头，尘埃上一定会发生世界大战。试了好多次，都无法避免。我被战阵厮杀声、火光和蘑菇云弄得连夜失眠，只好终止了幻想，像用手掐灭一个烟头。

接下来，我发明出了最让我着迷，也是最危险的一个游戏：我造了一艘潜水艇。

我爷爷是个海洋学家。我七岁那年，他不顾家人反对，以六十岁高龄，受邀参加了一次海洋考察，具体去哪里做什么，没对我们说。然后再也没有回来。我很小的时候，每晚睡前，都听他讲海里的故事。我父亲小时候也听过那些故事，他至今认为那是造成我妄想症的根源。我时常思念我爷爷，在我的想象中，他和大海融为一体。十四岁那年，初三上学期，我决定开始经营一次海底的幻想。我在课堂笔记的背面画了详细的草图，设计出了一艘潜水艇。材料设定为最坚固的合金，具体是什么不必深究。发动机是一台永动机。整艘潜艇形状像一枚橄榄，艇身为蓝色，前方和两侧还有舷窗，用超强玻璃制成，带有夜视功能，透过玻璃看出去，海底是深蓝的，并非漆黑。潜艇内部结构和我家二楼一模一样：父母的房间，我的房间，摆着钢琴的小客厅和一个卫生间。我的设想是这样的，白天时，这层楼就是这层楼，坐落于群山环抱的小县城里；夜晚，只要我按下书桌上的按钮，整层楼的内部空间就转移到一艘潜水艇里边去，在海中行驶。我爸妈在隔壁睡着，一无所知，窗外暗摸摸的，他们也不知是夜色还是海水。我的房间就是驾驶室。我是船长，队员还有一只妙蛙种子和一只皮卡丘。

每天夜里，我坐到书桌前，用手指敲敲桌面，系统启动，桌面就变成控制台，上面有各种仪表。前方的窗玻璃显示出深蓝色的海底景象。副驾驶位上的皮卡丘说：皮卡皮卡！它的意思是，Captain Chan，我们出发吧！妙蛙种子说：种子种子。这是说，一切准备就绪。我看了看桌上的地球仪，上面亮起一个红点，那是我们所在的位置。现在已经位于太平洋中央了。挂钟其实是雷达屏幕，显示附近没有敌情。我们制定的航线是从县城的河流到达闽江，再从闽江入海，绕过台湾岛，做一次环球旅行。在河流和江水里，潜水艇可以缩小成橄榄核那么大，不会惹人注意。到海底再变回正常大小。航行的时间，我设定为1997年。因为那时我爷爷还在进行海上考察，没准能遇上他。我握住台灯的脖子（这是个操纵柄），往前一推，果决地说：出发！潜艇就在夜色般的海水中平稳地行驶起来。

这一路我们经历了很多冒险。我们被巨型章鱼追击过，一整夜都在高速行驶。后来潜艇急降到海底，启动隐形模式，伪装成一块岩石，章鱼就在头顶上逡巡，蜿蜒着满是吸盘的长长触手，纳闷地张望。我们在下面屏住呼吸，体会着甜蜜的刺激。我们在珊瑚的丛林里穿行了三个晚上，那里像一座华美的神殿。遇到一艘潜艇卡在那里，不知是哪国的，我们出手救了它。有可能我们穿透进了现实的海底，也可能那艘潜艇是另一个人的幻想，我们没有深究。还有一回海沟探险，黑暗中无声游出一头史前的沧龙，险些被它咬住。利齿刮擦过艇身的声音，至今想起还觉得头皮发麻。隔着舷窗细看它遍体的鳞甲，滑亮如精铁所铸，倒是好看。我们还和一只性情温和的虎鲸结成了好友，每次在危难中发出信号，它总像守护神一样及时赶到，同我们并肩作战。

自从开启了这场幻想，我白天的胡思乱想少了许多，因为要把想象力集中在夜间使用。但是依然不怎么听课，我不断完善着潜水艇的设计图纸，制定新的冒险计划。晚自习回来后，我在书房里开始构思这一夜的大致轮廓，然后敲敲桌面，坐着陷入幻想。幻想中的情节按着构思来，但也会有我无法控制的演变，这样才有意思。入睡后，之前的剧情在梦里延续。珊瑚的光泽和水草的暗影夜夜在窗外摇荡。

有一天晚上，我爸和朋友小酌，很晚还没回来。我很焦急。因为如果我把二楼的空间转移到深海的潜艇中去，原先的位置会变成怎样，我没有想过。也许等我爸上了楼，打开门，会看到一片空白，或满屋的海水。我只好等着。入冬后，坐书桌前太冷，我把操控台转移到床上来。枕头上的图案是各种按钮。床头板是显示屏，开启透视功能和照明后，就能看见被一束光穿透的深蓝海水、掠过的游鱼和海底沙石。我盖着被子趴在床上，双手放在枕边，蓄势待发。十点半，老爸终于到家了。听着他锁门，上楼，轻轻合上卧室门的声音，幸福感在被窝里油然而生。仿佛鸟栖树，鱼潜渊，一切稳妥又安宁，夜晚这才真正地降临。门都关好了，家闭合起来，像个坚实的果壳。窗外静极了，偶尔听见远处一阵急促的狗吠声，像幽暗海面上闪动的微光。我真想待在这样的夜里永远不出来。按下启动键，我进入潜艇里。妙蛙种子问：种子种子？（今晚这么晚？）我说，久等了，出发吧！那晚我们在北冰洋的冰层下潜行。

我忘了设计取暖装置，结果第二天醒来，感冒了。高二的一天夜里，我下了晚自修，兴奋地小跑回家，今晚要去马里亚纳海沟探险了。为这一天我们做了好久的准备工作，皮卡丘早就急不可耐了。进门，发现爸妈都坐在客厅里，沉默地等着我。茶几上放着我的笔记本，摊开着，每一页都画着潜水艇。我脸上发热，盯着本子，说不出话来。过了一会，父亲开了口，他说，透纳，你不能再这样下去了。我看着他们在灯光下的愁容，第一次发现父母老了很多。这几年我整天沉浸在海底，根本没仔细打量过他们。那晚他们对我谈了很多，倾诉了他们这些年的忧虑。母亲哭了。我从未在父亲脸上见过那种无助的神情。那是一次沉重的谈话，又在快乐的顶峰迎头罩来，以至多年后想起，语句都已模糊，心头仍觉得一阵灰暗。高考、就业、结婚、买房，这些概念从来都漂浮在我的宇宙之外，从这时起，才一个接一个地坠落在我跟前，像灼热的陨石。我才意识到这是正常人该操心的事。正常一点，他们对我的要求也仅限于此。其实我除了爱走神、成绩差，没什么反常的举动，但父母能看出我身上的游离感，知道我并非只在这个世界生活。而我浑浑噩噩，竟从未觉察到自己的病态和他们的痛苦。想到那么多时间都被我抛掷在虚无的海底，我第一次尝到什么是焦虑。

当晚入睡后，我没有进入潜水艇，只做了许多怪诞的梦。梦中景物都是扭曲的，像现代派的怪画。

第二天，我试图专心听讲，发现已无法做到。走神。不可抑制地走神。看着教室墙壁上的裂纹走神，想象那是海沟的平面图。对着一束阳光走神，无数星球在其中相互追逐。盯着橡皮走神，它的味道和潜水服的脚蹼相似——我在浅海中采摘珍珠时穿过。我翻开书来看，结果又对着课本前页十来个编者姓名发了半小时的呆，从名字揣测这些人的性格、相貌和生平。我脑中伸出万千藤蔓，每一条藤蔓又伸出无数分叉，漫天枝叶在教室中无声地蔓延，直到把所有人都淹没。

这样过了三天。这三天我都没有下到潜艇中去。我当然可以想象出一个世界，那里边的爸妈并不为我担忧，我依然能每夜开着潜艇，而他们毫无察觉地睡在隔壁，陪我在海底漫游。但那晚他们憔悴的面容和疲惫的声音已经刻进我脑中，我做不到那样自欺欺人。同高考相比，去马里亚纳海沟探险实在是太无关紧要的事了。我不忍心再让他们难过。我要争气。

第三天晚上，我想好了对策，关了房门，坐到书桌前。闭上眼。我让所有的想象力都集中到脑部。它们是一些淡蓝色的光点，散布在周身，像萤火虫的尾焰，这时都往我头顶涌去。过了好久，它们汇聚成一大团淡蓝色的光芒，从我头上飘升起来，渐渐脱离了我，像一团鬼火，在房间里游荡。这就是我的对策：我想象我的想象力脱离了我，于是它真的就脱离了我。那团蓝光向窗外飘去。我坐在书桌前，有说不出的轻松和虚弱，看着它渐渐飞远。最后它像彗星一样，冲天而去。

次日醒来，我拿起一本书来看，看了一会，惊觉自己真的看进去了。课堂上听讲也没有问题，居然整整一节课都没开小差，老师说什么，我听什么，完全跟得上，再也不会抓住一个词就开始浮想联翩。听课时，对身边一切都能视而不见，这种适度的麻木真是令人舒适。我好像从热带雨林里一下子跑到了马路上。这里不再有繁密的枝叶、柔软的泥沼、斑斓的鹦鹉和吐着信子的蛇，眼前只有确凿的地面和匆匆的人流。于是我一路小跑，追了上去。

高三一年我突飞猛进，老师们都说我开了窍，同学们背地里说我脑子治好了。后来的事不值一提。我考上了不错的大学，进了一家广告公司，结了婚。我的脑中再也不会伸出藤蔓，成了一个普通的脑袋了。想象力也一般，和常人相差无几。旅游时，坐在竹筏上，导游说这座山是虎头山，我说，嗯，有点像。他说那是美人岭，我说看不出来，他说，你得横着看，我歪着头看了一下，说，有点那个意思。就这样而已。工作中，有时甲方和领导还说我的方案缺乏想象力，那时我真想开着我的潜水艇撞死他们。

有时我也试着重温往日的梦境。但没有用，我最多只能想象出一片深蓝的海，我的潜艇浮在正中央。靠着剩余这点稀薄的想象力，我根本进不去里面，只能远远地望着。只有一次，那晚我喝了点酒，睡得格外安适。梦中我又坐在驾驶台前，皮卡丘推着我说，皮卡皮卡？（你怎么了，发什么愣？）妙蛙种子说：种子种子！（我们向海沟出发吧！）我看了看时间，原来我们还停留在1999年的海底。我离去后，潜水艇中的一切像被按下了暂停键。它们不知道我多年前已经舍弃了这里。随后我就醒了，带着深深的怅惘。我意识到，当年的对策有个致命的疏漏。当时我急于摆脱想象力的困扰，没有设定好如何让它回来。现在我有更好的方案：我可以想象出一个保险柜，把想象力想象成一些金块，将它们锁在柜中。再把密码设置成一个我当时不可能知道，若干年后才会知道的数字。比如我结婚的日期，2022年我的电话号码。这样我就能偶尔回味一下旧梦，来一场探险，怕沉溺其中，再把想象力锁回去就行了，设置一个新密码。但是当时欠考虑，毕竟年纪小。现在已经来不及了。我的想象力可能早就飞出了银河系，再也回不来了。
国庆最后一天，离家前夜，我坐在书桌前，敲了敲桌面。什么都没有发生。我握住台灯，望着窗外的夜色，对自己说：Captain Chan，准备出发吧。

——如文中所提，上文作于陈透纳三十岁时，当时他还在广告公司工作。后来他迷上作画，辞职成为画家，成名经过，众所周知，自不必赘述。晚年，他在回忆录《余烬》中说：

"……五十岁后，我停止了作画，也不再写诗，很多人说我江郎才尽。其实不是的。我的才华早在十六岁那年就离我而去，飞出天外了。我中年开始作画，不过是想描绘记忆中那些画面。写点诗，也是为此。我只是如实临摹，并非世人所说的什么主义。直到有一天，我把以前的梦境都画完了，就不再画了，这是很自然的事。我一度拥有过才华，但这才华太过强盛，我没办法用它来成就现实中任何一种事业。一旦拥有它，现实就微不足道。没有比那些幻想更盛大的欢乐。我的火焰，在十六岁那年就熄灭了，我余生成就的所谓事业，不过是火焰熄灭后升起的几缕青烟罢了。"

陈透纳遗书的最后一段，交代了继承事宜后，他写道："我反复画过一张画。深蓝色的背景中央，有一片更深的蓝。有人说像叶子，有人说像眼睛，像海里的鲸鱼。人们猜想其中的隐喻。其实没有任何含义，那是一艘潜水艇。我的潜水艇。它行驶在永恒的夜晚。它将永远，永远地悬停在我深蓝色的梦中。"

公元2166年一个夏天的傍晚，有个孩子在沙滩上玩耍。海浪冲上来一小片金属疙瘩，锈蚀得厉害。小孩捡起来看了看，一扬手，又扔回海里去了。

2017.10.28

来竹峰寺的头两天，我睡得足足的。从来没那么困过。那阵子心里烦闷，所谓"闷向心头瞌睡多"，有它的道理。山中的夜静极了。连虫鸟啼鸣也是静的一部分。头两天，只是睡。白天也睡。白天，寺院中浮动着和煦的阳光，庭中石桌石凳，白得耀眼，像自身发出洁白的柔光。屋瓦渐渐被晒暖。这是春夏之间。我躺在一间仅有一床一桌的客房的床上，想象自己是个养病的病人，虚弱又安详。多少年没睡过那样的好觉了。像往一个深潭里悠悠下沉，有时开眼看看水面动荡的光影，又闭上。睡到下午四点多，实在不好意思了，起来吃了点面条，开始在寺中转悠。这时他们正在做晚课。每个寺庙的晚课内容不尽相同，竹峰寺的不算长，也不短。三个人在大殿里嗡嗡念诵，音节密集，用密集的音节营造出一种小规模的庄严气象来，站门外听，声势颇壮，听不出仅有三人。忽而声调一缓，由慧灯带头，曼声吟唱起来，好听极了。听到"是日已过，命亦随减。如少水鱼，斯有何乐……"我就走出院去，四下闲逛。

偏殿一侧，深草中散落着不少明清的石构件，莲花柱础，云纹的水槽。多数都残损了。一只石狮子已然倒了，侧卧着，面目埋在草丛中，一副酣然大睡的样子。另一只仍立着，昂然地踩着一只球，石料已发黑，眼睛空落落地平视前方。我打着呵欠，懒洋洋地穿行在这些废石荒草间，那石狮子像被我传染了似的，也大大地打了一个呵欠，然后若无其事，继续平视前方。我扭头对它说："我看到了。"它装作没听见，一直平视前方。它前边只有一丛芒草，风一吹，摇着淡紫的新穗。于是我就走开了。

有时我也去慧灯和尚的禅房里，向他借几本佛经看看。有一些竟是民国传下来的。经我央求，才借给我。竖排繁体，看得格外吃力。不一会，又困了。有时从书页中滑落下一片干枯的芍药花瓣。也不知是谁夹在那里的，也不知来自哪个春天。已经干得几乎透明，却还葆有一种绰约的风姿。而且不止一片。这些姿态极美的花瓣，就这样时不时地，从那本娓娓述说着世间一切美尽是虚妄的书卷里，翩然落下。看倦了，就去散步。

黄昏时我总爱走出寺去，到山腰去看看那个瓮。

那个瓮是前年秋天慧航师父发现的。据本培说，那阵子他没事老在山上转悠，拿一根竹棒，东戳戳，西探探，想找到那块碑。先是找到一块石板，掉在南边山涧里，费了好大劲，人爬下去一看，上面没字。翻过来，也没字。那石板显然不是天然的。怎么好好的一块石板会落在山涧里？谁也不知道。慧航还不死心。秋天，又找到一块木板。这块木板被一块大石压着，埋在山腰深草中。慧航心想：是了！这是记号，东西一定藏在下面。搬开石头，揭开木板，是个瓮。瓮中空空如也，只有一层干掉的泥。这是下雨天泥水渗进去留下的。本培拿抹布把瓮里头淘洗了一遍。好大一个瓮！人可以蹲坐在里面。这是干什么用的呢？慧航说，他去过广州，那边人喜欢吃深井烧鹅，就是这样在地下挖个洞，埋个瓮，再把涂好料的鹅吊进去烤。没准以前寺里有个广东和尚，躲到这里来开荤。回去问慧灯，慧灯老和尚说，不懂不要乱讲哪，出家人怎么能吃烤鹅？这是个听瓮。什么瓮？听瓮。听到的听。慧灯说，过去行军打仗，一般是埋个小陶罐在土里，罐口蒙层牛皮，人伏在地上，耳朵凑上去听。远处有兵马动静，自然就听到了。效果最好的，是埋个大瓮在地下，人躲进去听，能听十几里开外的声音。清末的时候，这寺庙被土匪霸占了，那个瓮估计就是他们埋下的，官兵要来剿，提前能听到。这些是从前我师父告诉我的。那个瓮，我小时候就在那里了，也钻进去玩过，没想到这么多年了，还在。于是他们把那个瓮原样盖好，搁在那里。这回来寺里，上山时我听本培说起，觉得很有趣，没事总爱来玩玩。黄昏时我又揭开木板，钻进瓮里，盖好。躲在里头，油然而生一种安全感，像回到了自己的洞穴。有一天傍晚我不知道因为什么事，觉得心里难受，就躲进那瓮里，痛痛快快地哭了一场，无人知晓，舒服极了。漆黑中，能听见空气的流动声、遥远的地下水冰凉的音节，甚至溪流拂过草叶时的繁响。土壤深处有种种奇异的声音。有时听见黑暗中传来一阵"隆隆"的响声，像厚重的石门被缓缓推开，片刻又寂然了。问本培，他说这是山峰生长的声音。山峰不是一点点匀速长高的，而是像雨后的竹笋，一下一下地拔高。也许几个月拔一次，也许几年。我问他哪里听来的，他说百度。去问慧灯师父，他说他小时候也听到过，听师兄说，是土地公的呼噜声。我至今也没搞明白那是什么声音。有时从瓮中出来，天已黑透，我周身浸在一种敏锐、清冷的知觉里，仿佛刚从深渊里归来。擎着手机的一团光，我慢慢摸上山去。

睡了几天，精神好多了，有时兴起，爬上久无人迹的藏经阁去望望。藏经阁在竹峰最高处，推开二楼后窗，可以望见群山间有一小片碧莹莹的闪光，那是远处的湖面。往东一些，两座山之间，有一小截很细的深灰色线段，那是回鸾岭隧道和铁葫芦山隧道之间的公路。多年前我就是在那截线段上望见竹峰的，不然此刻也不会来到这里。仿佛上一刻还在那儿张望，忽然就已置身山中。人生真是奇妙。

福建多山。闽中、闽西两大山带斜贯而过，为全省山势之纲领，向各方延伸出支脉。从空中看，像青绿袍袖上纵横的褶皱。褶皱间有较大平地的，则为村、为县、为市。我家乡屏南县在闽东的深山里。从宁德市到屏南，有两小时车程，沿途均是山。我非常喜欢这段路。这些山多不高。除了到霍童镇一带，诸峰较为秀拔外，其余多是些连绵小山，线条柔和，草木蔚然，永远给人一种温厚的印象，很耐看。我很喜欢看这些山，一路都在张望，望之不厌。山间公路，多是盘山上下，要么就穿山过隧。常常是连续几个隧道，刚从一段漫长的黑暗中出来，豁然开朗，豁然没多久，又进入下一段黑暗。在隧道中行车，想到自己身处山体内部，既有一点激动，又觉得安宁。回鸾岭隧道很长，出了隧道，到进入铁葫芦山隧道之前，有约二十秒的时间，可以望见上面的云天和四下的山野。大一寒假，从宁德回屏南的路上，这二十秒中，我第一次望见了竹峰。竹峰和公路间隔着一道水，山峰的下半截隐在前面一座山之后。这时我望见竹峰的峰顶上，茂林之中，露出一角黑色的飞檐。当时十分好奇，那样的绝顶山巅上，怎么会有人家呢？是为了防范土匪侵扰，或者躲避征税？我们本地的民居，屋檐又没有那样美丽的弧线。是道观，或是庙？就在这儿留了个心。第二年暑假回来，路过那里，一望峰顶，却不见了那个檐角。也许是久无人居，坍塌了？也许之前所见，只是幻觉。这一来更增添了神秘感。到那年冬天，我又回来，车还在隧道里，我就准备好了，到了，一望，那檐角竟又完好地重现在峰顶。一想，才明白过来：夏天林木繁茂，屋檐为山巅的浓绿所遮蔽，冬天草叶凋零，这才显露出来。这些年来，对于我，它就像一个小小的神龛，安放在峰顶的云烟草树间。在我的想象中，无论世界如何摇荡，它都安然不动，是那样的一处存在。

一直到大学毕业那个夏天，我才下定决心，要上去看看。我就要去遥远的城市工作了，无论如何，要上去看看。一个念头搁久了，往上添加了种种想象，那就非实现不可了，即便明知幻想有破灭的可能。寻了个机会，我搭了乡间大巴，在回鸾岭附近的站点下了车，烈日下徒步走了大半天，近傍晚时才到那山峰脚下，仰脖一望，分明是绝壁。绕到山峰后面时，恰有一道狭长的紫霞，蜿蜒着指向西侧的天空。原来山峰背面，远离公路的一侧，有个小村庄。村子上空炊烟还没散尽，几声狗吠，霞光渐暗。进村逛逛，似乎只见到老人和小孩。几个孩子在场上疯跑，发出尖锐的叫声。老人喝骂着唤他们回家。从村中望峰上，天际余光里，几座殿堂的檐角隐约可见，俨然是一座寺庙嘛。从山峰这一面，有路上去。问了一个老头，那座山叫竹峰，寺是竹峰寺。夏天天黑得晚，我冒险趁着最后的亮，一气上了山。山路还算好走，多是土路，难走的地方垫了石块。走到半山腰，树丛中蹿出一只小兽，月光下远远地站住，向我望了一眼，又急急地回身蹿入林中。看模样，是麂。到了寺门口，我敲了敲那扇木门板。门上的红漆剥落殆尽，只剩零星几块，像地图上的岛屿。过了好久，本培的声音懒懒地响起："谁呀？"我还没答，门就开了。

那是我第一次见到本培。那时慧航师父还没来，寺中只有他师父慧灯老和尚和他两人。他还没出家，是个住庙的居士。这人有点怪，医学院毕业，不知为什么，跑来这寺庙住下，日常帮慧灯打理些事务。他父母早已离婚，父亲经商，忙，也管不了他，只好和他商定，当居士可以，出家不行。大概认为他没几年就会想通，回来了。没想到他刚到寺里半年，父亲就接了几笔大订单，觉得冥冥中似有佛祖庇佑，再劝他回家时，语气也没那么坚定了。本培有个世俗的爱好，打游戏，学生时代养成的，戒不了。每天早课后、午饭后、睡前，都要玩几局。他说古有诗僧、书僧、棋僧，游戏僧也是与时俱进的产物。不过学佛之人沉迷游戏，总归不像话。慧灯和他约定，游戏可以玩，只有一样，射击、打斗类的不行，会滋长戾气。本培说好，就下了一个单机版的实况足球，单机版魔兽（慧灯不懂这其实也算打斗），天天玩，玩不腻。他也玩游戏，也看经书，也种菜、做饭，日子过得很有滋味。这几年不见，他倒胖了。他说是馒头面筋吃多了。

我初次来时，庙里荒凉得很，大雄宝殿是废墟一片，衰草离离，只有僧房、斋堂、藏经楼几处地方较完好。连佛像都没有，房间里挂着佛祖、观音的画像，聊以代替。那晚慧灯师父和我招呼了几句，就早早睡下了。这是个枯瘦而话不多的老人。本培和我坐在寺门外乘凉，谈天说地，直到很晚才睡。银河从天顶流过，像一道淡淡的流云，风吹不散。本培大概挺久没和同龄人聊天了，且乐于向我介绍山中的一切，说得很有兴味。不知为什么，我这人不爱交际，和他一见却很投缘，聊起来没完。也许因为性格都有点怪僻，怪僻处又恰好相近。那次住了两天。和慧灯师父道了谢，和本培留了联系方式，约好下次再来，我就走了。一走，就是六年。

　　如今我又来了。

这次回乡，心里烦闷。一是刚换了工作，还有点飘然无着落的感觉；二是老屋被拆。我在辞职和入职之间，狡猾地打了个时间差，赚到了为期两个月的自由。哪也不想去，想回家休整休整。回来一看，家已经没有了。早听说要拆，要拆，老不拆，空悬着心；突然就拆了，风驰电掣。我一回来，放好行李，就跑去老屋。一看，全没了。青砖的老屋，连同周边的街巷、树木，那些我自幼生长于其间，完全无法想象会变更的事物，造梦的背景，一闭上眼都还历历在目的一切，全没了。不仅如此，整个县城都在剧变，新的领导看样子颇有雄心，要在这山区小县施展拳脚，换尽旧山河。四处一逛，风景皆殊，我真切地感觉到世事如梦。一切皆非我有。没什么恒久之物。其实在城市中生活，我早已习惯如此，每天到处都在增删一些事物，涂涂改改，没个定数。有什么喜欢的景致，只当一期一会，不倾注过多感情，也就易于洒脱，没了就没了。只是对于故乡的变动，我一时没有防备，觉得难以接受。无论如何，那座安放在群山之间，覆盖着法国梧桐浓荫的小县城，已经不复存在了。

我总希望一切事物都按既定的秩序运行下去，不喜欢骤然的变更。我知道这是一种强迫症，毫无办法。前两年，每天上下班，坐车绕过一个交通环岛，岛心有一株大榕树，我很喜欢那株树，幽然深秀的样子。上班时车从这边过，我看一下树的这半边；下班时从那边过，看一下那半边。好像非如此一天不算完整似的。那树也确实好看。某一天它忽然消失了。没什么理由，就是消失了。我无法解释它的消失，只好想象它是一只巨大的绿色禽鸟，在夜里鼓翼而去了。我像丢了一个根据地似的，惘然了几天。后来环岛上改种了一片猩红的三角梅，拼成五角星的形状。还有一处幽僻的小花园，废弃在博物馆的一角，我夜跑时最爱隔着铁栅栏，向园中张望。心中烦乱时，遥想那里的荒藤深草、落叶盘根，就渐渐静定下来。后来它也消失了。楼盘像蜃楼一样在那里冉冉升起。相似的经历有许多次，似乎是在为老屋的消失而预先演练，让我好接受一些。榕树、废园、老屋，这些像是我暗自设定的，生活的隐秘支点，如今一一失去了，我不免有种无所凭依之感。

老屋那一带成了工地，围着铁皮墙。工地边上，也蜃楼一般，起了两座售楼部，各亮着殷红的大字，刺在夜空上。左边是：盛世御景。对面是：加州阳光。我一阵恍惚，不知身在何世。我想，那些消逝之物，都曾经确切地存在过，如今都成了缥缈的回忆；一些细节已开始弥散，难以辨识。而我此刻的情绪、此刻所睹所闻的一切，眼下都确凿无疑，总有一天，也都会漫漶不清。我们所有人的当下，都只是行走在未来的飘忽不定的记忆中罢了。什么会留下，什么是注定飘逝的，无人能预料，唯有接受而已。如此迷糊了几天，正在愤闷和惆怅间摇摆，忽然想起竹峰寺，想起本培和慧灯师父。一联系，本培说你有空来住几天嘛，我二话不说，收拾了一个小包，和父母说了一声，就来了。

来竹峰寺的大巴上，我一边望着窗外群山，一边用手摩挲着老屋的钥匙。钥匙上印着"永安"两字，是个早已湮没的品牌。我不知道该怎么处置它。老屋不复存在，它就是我和老屋之间最后的一丝联系，像风筝的线头。我想象这钥匙是一只U盘，老屋仍完好无损，只是微缩成极小的模型，就存放在这只U盘里。一同存储在其中的，还有关于老屋的诸般记忆。这么幻想着，摸着掌心的一小片冰凉，心情渐渐松弛下来。钥匙该如何处置呢？不能放在身边。放在身边，久了，它就成了日常之物，日常的空气会消解它身上的魔力，直到对我失去慰藉作用。扔掉，又太残忍。我想了想，决定把它藏起来。藏在一个无人知道的，千秋万载不会动摇的地方。只要我不去取它，就能一直藏到世界末日。但不能把钥匙扔进湖中或悬崖下，必须要我想取，就能够取到的地方。什么时候来取，不一定，但这种可能性必须保留。这一点可能性将我和它永远地联系在一起。

藏东西，是我惯用的一种自我疗法。我从小就是个太过敏感而又有强迫症的人，也试图把自己的神经磨钝一些，办不到。这点我很羡慕本培，他的脑子里像有个开关，和他谈到一些最细微的感受时，他完全能了解，能说出，洞然明彻；在一些乏味的、可憎的事物面前，他只消啪的一声关上开关，就如同麻木，全然不受其侵蚀。我问他是如何做到的？要从哪部经典入手？他说打打游戏就好了。我想世上也许并不存在对人人管用的经文，要调伏各自的心性，每个人有每个人的偏方。大学时，我有一件心爱的玩意，是个铁铸的海豚镇纸，四年里在宿舍练字，离不开它。毕业前，我把它藏在图书馆里一处我非常喜爱的幽静角落，藏得极隐蔽，保管不会被人发现。它现在一定也还在那里。想到这个，我心中就觉得安适，仿佛自己就置身在那个小角落里，无人瞧见，将岁月浸在书页的气味中。闭馆熄灯后，落地窗前一地明月。有时月光伸进那角落，停留片刻，又挪移开，一切暗下来。这样想，仿佛那铁海豚就是我的分身，替我藏在我无法停留的地方。我可以通过它，在千里外遥想那里发生的一切。这种癖好，太过古怪，那感受也极幽微，恐怕常人不太能理解，但对我确实是有效的。这么想着，车到站之前，我已决定把钥匙藏在竹峰上。

本培骑了个小电驴，在村外客车站等我。我坐在后座上，风声呼呼中，他向我说了寺庙的近况。前几年，慧灯师父的师弟慧航也来了。慧灯年纪大了，不爱管事，最怕去宗教局开会，就让慧航当了住持。慧航才五十来岁，很能干，寺庙兴旺了不少，大雄宝殿也重修了。本培说，蛱蝶碑的故事，不知你听过没有？我说我在书上看到过一点，不太了解。本培说，你可以了解一下，蛮有意思的，你可以拿来写写。他大概是看过了我空间里存的文章，知道我在写东西。说话间我们进了村，一抬头，就望见竹峰。本培把小电驴还给村民，和我谈谈说说，一路走上山去。峰以竹名，倒不是因为峰上多竹，而是说山峰的形状像一截上端被斜斜劈去的竹茬子。这比喻不知是什么人想出来的，倒也传神。春夏时山头隐没在一片浓绿中，不大看得出来，待到秋冬草木萧疏，露出苍然岩壁，这才显出一峰孤绝，宛若削成，确实像一截巨大的竹茬，直指云天。峰顶是一块倾斜的平面，竹峰寺就建在这块斜面上。最低处是山门，山门进来，照例是大雄宝殿、观音堂、法堂，渐次升高，最高处是北面的藏经楼。寺院不算大，前后高差却有十来米。我在公路上望见的，就是藏经楼的一角飞檐。

竹峰寺的格局如一般汉传寺院。早年间，进了山门左右还有钟楼、鼓楼，郑重其事，今已不存。钟楼旧址上，用三根杉木搭了个架子，铜钟就悬在横梁上，早晚由本培象征性地敲几下。因为位置好，钟声经群山回荡，远远地送将出去，惊散一些林梢白鹭，像吹起一阵雪片，旋了几圈，复又落下。钟对面，是坍了的碑亭，石制碑座还在，亭柱久已朽坏。再往前，当中是大雄宝殿，前些年重修的，红漆尚新，长窗上的雕饰极精美，是慧灯师父亲手打的。大殿里供着释迦牟尼佛，佛前还摆了一尊很小的石佛，造型古拙，笑容憨厚，这是从大殿旧址的废墟里挖出来的。大雄宝殿背后是观音堂。观音堂后，是一方庭院，种些寻常花木，左边是几间僧房，一间库房。右边是香积厨兼斋堂。厨房的后门外有一条由山泉汇成的小溪，像一道弯弧，自峰顶发端，从寺庙右侧流过，下到半山腰，积成一处小水潭，再往山崖下泻水，就成了一道细长的悬泉飞瀑。从厨房后门出来，溪上一道小桥。桥面覆了层浅土，中间因有人走，土色泛着白，两边则摇曳一些野花蔓草。春天时开一种朝开暮落的叫"婆婆纳"的蓝色白心小野花，常有粉蝶飞息。桥下小溪，密匝匝生遍茂草，水浅时，只能从草茎间一些断续的亮光辨认出这是溪流。过了小桥，是一块菜园，规划得小而精致，依照节候，种着各色果蔬。果蔬熟后，一半送给到访的香客，一半留着自己吃。

　　庭院再往上，是法堂，已经塌了一半，残垣瓦砾，另一半的青砖地上蒙了几寸厚的青苔。这一部分，暂时还无力重修，而且寺中人少，照顾不了这么大块地方，只好任其荒废。法堂和藏经楼之间，又是一片荒庭，石砖缝里，野草像水一样溅出来，四下流淌。庭中松、柏、菩提树，均极高大，浓荫压地，绿到近于黑。日暮时枝叶望如浓墨，凭空堆积，枝叶间鸣声上下，却不见飞禽的踪影，又热闹又荒凉的样子。因为高，阴雨天常有几缕流云横曳而过，一派云树森森的气象。藏经楼在寺庙最高处，虽还完好，也废弃多年了，踏入时，黑暗中像有什么小动物一哄而散。上人时楼梯呻吟不已，似乎随时有崩坏之虞。据说楼里有时闹山魈，我没遇见过。魈，是福建山区中一种传说中的生物，身形如小狗大小，也有说像猴子的。该物行动迅捷无比，性子顽皮，常闯入人家，打翻油灯，开一些无恶意的玩笑。从前农村常有关于魈的传说，如今近乎绝迹了。夜里散步，有时听见从藏经楼方向传来奇怪的声响，像小孩赤脚跑过木地板。刚竖起耳朵听，却又安静了。楼阁的黑影突兀而森严，月亮移到檐角，像一只淡黄的灯笼。住了几天，我渐渐对竹峰寺加深了了解。一方面是向慧灯师父请教，一方面，用手机查了些资料。

竹峰寺始建于北宋，寺中传下来的刻有元丰字样的石臼、石槽可以证明。后来几经劫乱，屡废屡兴，规模在乾隆年间达到鼎盛。其时由紫元禅师住持。从当地的一些传说，可以想见竹峰寺当年的兴旺（兴旺到有点奢靡）。说是紫元禅师过七十大寿，弟子找来名厨执掌寿宴，要摆三十八桌素斋，遍请全县名流。说法是一桌一岁，如此就可寿至一百零八岁。寿宴提早一年就开始准备。当时香火极旺，银钱不缺。厨师拟好菜单，请管事的大弟子过目，说其中有二菜一汤，都需用到芍药花瓣，一道菜要用干制的花瓣，一汤一菜则要用新鲜的。芍药花，本地少有，就有，成色也不佳。大弟子问能不能换成别的？厨师有些为难。旧时办宴席，菜色、次序都有定式，菜名均有相应的口彩，替换了几道，就不成套了。大弟子去请示师父。紫元方丈在蒲团上眯着眼，也不接递过来的菜单，像入定又像瞌睡，白须微颤。过了好久，在香烟缭绕中，老方丈睁开眼，缓缓地说："没有？没有就种嘛。"于是就种。把扬州的芍药花工千里迢迢请到这山区小县的寺庙里来，如今想来也令人咋舌。老方丈的一句话，一个老人低哑的声音，飘飘忽忽，落到实处，就成了灿若云锦的花朵，实在近乎神迹。芍药环寺而种，遍地绮罗，烂漫不可方物。花香炉香，融成一脉，满山浮动。寿宴之后，竹峰寺的芍药就出了名，列入本县十景之中，当地缙绅名士，多有题咏。这些诗如今还能查到一些，大多无甚可观，有趣的是，几乎都提到了蛱蝶碑。因为竹峰寺此前是以这块碑出名的。如今知道它的人已经不多了。

这碑上有个故事。故事大要在《覆船山房随笔》里有记载，有些细节则是听慧灯师父讲的。他是在解放前听他师父说的。

说是明朝景泰年间，有个书生姓陈名永字元常的，寄住在竹峰寺中。陈元常"家贫，世崇佛，工书，少有才名"，功名不就，就成了写经生。几个月前，方丈托他写一部《法华经》，酬以银钱，还管吃住，一是爱他的字，二来也有怜才恤贫之意。陈元常来了数月，却不着急写，笔墨不动，每天就在寺中转悠。午饭后在庭院里走走，黄昏时在山崖边坐坐。望望天上的云，捡起一个松果，看看，又抛掉。日子久了，僧人间不免有议论，以为他吃白食。陈元常不着急。他在琢磨该怎么写。陈元常少孤，母亲信佛很诚，从小就拿佛经教他识字。他是在念"子曰诗云"前就先读过"如是我闻"的。《法华经》，他自幼能背，而且感情很深，一些句子，使他想起已经亡故的母亲。他要好好写这部经。该怎么写，他琢磨了很久，还是没动笔。

陈元常学书，最佩服的是王右军，稍长，觉得右军不可追及，转而学虞永兴、李北海。这两人的字，其实都宗法王羲之，永兴守之，得其温婉；北海变之，参以雄健。陈元常学这两家，都很像，几可乱真。可他觉得，用这两种风格写《法华经》，都不太对。"若书此经，则永兴之法失于柔，北海之法失于豪，"他想把二者融合起来，"复欲以永兴笔书北海体，则两失之。"没有成功。

这天暮春午后，花气熏人，陈元常又在寺中闲逛。照例看过了偏殿的壁画，听了会儿枝头的莺啭，摸了摸打呵欠的小和尚的头，他到一处石阶边坐下。对着庭院中融融春光，他看了很久，想了很久。直到一只翅上有碧蓝斑点的蝴蝶飞过他眼前。那个午后他想了什么呢？几百年前的少年心绪，没人知道。我猜想，他是在找一个平衡点，在庄严和美丽之间找到最恰当的位置，然后等圣境降临笔端。蝴蝶飞过。陈元常意态忽忽，迷了魂似的，就跟了那只蝴蝶走。那天天气晴暖，莺啼切切。蝴蝶飞进大雄宝殿，他也迈进去。午后殿中无人，香烟袅袅，佛也半眯着眼。陈元常见那蝴蝶在香烛垂幔间忽上忽下地飞，飞绕了几圈，竟翩翩然落在佛髻上。他大吃一惊，呆立当场，《覆船山房随笔》里写，陈元常"见彩蝶落于佛头，乃大悟，急索笔砚，闭门书经，三日而成。成，乃大病。诸僧视其所书，笔墨神妙，空灵蕴藉，似与佛理相合。尤以《药草喻》一品，神光涌动，超迈出尘"。蝴蝶轻盈地落在大佛头顶，是何等光景？难以想象。宗教的庄穆和生命的华美，于刹那间，相互契合，彼此辉映，想来是极其动人。陈元常被那个瞬间击中，找到了他的平衡点，得于心而应于手，于是奇迹在纸上飘然而至。这部经一直保存在寺中，其中的《药草喻品》后来被刻成碑，立于亭下，供人观赏。原本应叫法华碑，因此典故，多被称作蛱蝶碑。每年到寺中礼佛的文墨人不少，见了这碑，没有不惊奇赞叹的。晚明的福建晋江书法家张瑞图曾购得此碑拓本，评价说："如春山在望，其势也雄，其神也媚。又如古池出莲，淳淡之间，时露瑰姿。端凝秀润，不失圆劲，真得永兴之宏规，北海之神髓，惜乎其人名之不显也！"据说弘一法师晚年在泉州，也见过友人所藏的拓本，说："此字中有佛性，有母性，亦有诗性。"不知确否。如今是连拓本也失传了。至于陈元常其人，据《枯笔废砚斋笔记》记载，几年后他再次赴考，在山路中遇到土匪，死于非命。也有说他就在这寺里出了家的。《覆船山房随笔》中摘了一些清代题咏竹峰寺中芍药和碑的诗句，往往将碑花对举，平实的如"谁见蝶飞金粟顶，唯馀花落碧苔碑"，轻佻的有"诵偈三千首，观花一并休。春风无戒律，蝶绕古佛头"云云，不一而足。

到清末，寺庙为土匪所占，成了匪穴。民国时又重建，不过已经很凋敝了，寺中僧侣不过五六人。其时"废庙兴学"，庙产，也就是竹峰下的几十亩田和果园，被没收充公。芍药花只剩寥寥几丛，红灼灼的，像几簇余焰，每年春末，在墙角寂然地烧几个夜晚，又寂然地熄灭

了。"破四旧"时，有信徒提前到寺中报信，僧人们有了准备，在那些小将上山之前，把寺中一些贵重的法器、经卷、玉雕观音、黑檀木罗汉像之类，收集起来，藏到大雄宝殿供的佛像肚中和法座里。旧时塑像，往往在佛像背后留一空洞，法座背后亦有机窍，佛像开光时，由高僧将经书、五谷、珠宝、香料甚至舍利装入其中，各有寓意，叫做"装藏"。这时就成了临时藏匿之所。因为听说本县的另一处名寺永兴寺的石碑尽数被砸毁，考虑到蛱蝶碑名头太大，难于幸免，僧人们就把它从廊壁上取下来——民国初年，碑亭朽了，一时无力修复，只好把石碑镶在大殿一侧廊壁上，一样风雨不到——不知抬到山上什么地方藏起来了，然后众僧四散而逃。结果，佛像被砸了，里边的器物都被掏出毁掉。那块碑也就此失踪。

那些逃下山去的和尚里，有一个就是慧灯师父。他是本县北乾村人，自幼在竹峰寺出家，当时才三十出头。下山后回到村里，被迫还俗，就随他舅舅学手艺，当了个细木匠。那时细木匠没有全职的，平时也种田，秋收后，谁家里要准备嫁妆了，就把木匠请去。木匠是吃住都在主人家的，一连打几个月的嫁妆：桌椅、衣橱、梳妆台、床。乡下对样式要求不高，结实为主。雕花刻镂，有则最好，没有也成。雕花也无非那几样：松鼠葡萄、蝙蝠祥云、云龙纹样、松鹤图。有的还要刻一两句诗，比如衣橱上照例刻"云锦天孙织，霓裳月姊裁"，字是凸起的，可以当做抽屉的把手。慧灯学了没两年，就都会了，还能自己出样。他的手很巧，现在也能看出来。六月芒草吐穗时，我见过他用极流利的手法做出一支扫帚，那扫帚几乎可用美丽来形容，且十分顺手耐用。寺中现在用的家什器具，大半是出自他手。如今慧灯七十二了，大件家具，已不再做，有时兴之所至，随手做个小玩意。平日泡茶用的茶海，即是慧灯用一段树根做的，样式苍莽而富有野趣，稍加斧凿，便显出一种浑厚静穆。树根上有一块圆形节疤，本来不好处理，他将它雕成鲸鱼隆出水面的背部，另一处雕出举起的尾鳍，使整个茶海的面像一片真的海面。置茶杯于其上，就像沧海浮舟，非常好玩。

七十年代，他进了木器社。后来木器社又改成县家具厂，他一直当到技术股股长。其间当然也娶妻生子。九十年代，他退休了，也抱了孙子，觉得对家庭的责任已经尽到，想了却一桩心愿，和妻子儿子一商量，就再度出家了。妻子知道他多年来一直存有这个念头，也不加阻拦，但有一个要求：端午、中秋、过年要回家里过。这没话说，慧灯同意了。儿子开车送他到福州西禅寺受戒。慧灯即二次出家时起的法号。受戒回来，就上竹峰寺去了。这时竹峰寺已毁了多年，慧灯稍事修葺，就住下了。他工作以来，一直有笔专门的积蓄，绝不动用，就是留着重建竹峰寺用的。但要重修佛殿，这也远远不够。没有佛像，就在墙上贴了三世佛、观音的画像，下置一小香炉，早晚参拜。环堵萧然，不减其诚。一直到慧航来了，情况才有所好转。

慧航是三十多岁出家的。他是扬州人。据说八十年代在北京上过某名牌大学。那时本科生都金贵，能考上那所大学，前途无量。临毕业，他不知道犯了什么错误，竟没拿到毕业证，被遣送回原籍。为什么毕不了业，他绝口不提。回乡后，他在扬州开过几年茶楼，也开过澡堂、素菜馆。他想来很会做生意。但是据他说，也受过不少刁难、勒索。钱没给够，就天天被临检，开的第一家茶楼就是这样倒闭的。后来才学乖。也许正因为这种经历，他对权力非常热衷，平日最爱谈的是省级、市级的人事任免。开素菜馆时，结识了一些和尚，他觉得干和尚这行挺有前途，一拍大腿，把素菜馆转让给朋友，自己留了点股份，就出家了。他是在九十年代末出的家，比慧灯稍晚。因此年纪相差近三十岁，望如父子，却以师兄弟相称。

这是个绝顶聪明的人。他到过多省，会说粤语、闽南语、温州话、京片子，来了本地没半年，屏南话也学会了。他记性非常好，记数字尤其快，手机号码他只消听上两遍，没有不会背的。县里几个领导、老板的号码、生日甚至家人的生日，他都记得一清二楚，随问随答。算算某老板母亲寿辰快到了，就拿点礼品：手串、平安符、观音玉佩之类，登门拜访，每次所得的馈赠，都十分可观。他这人诙谐健谈，俗而有趣，大家都很喜欢他。而且谁都得承认，他确实很有才干。没几年，他就募捐到一大笔钱，重修了山门、大雄宝殿、观音堂。村里的小孩，有时还拿功课来问他，没有他不会的。凭着这份机灵，他刚出家几年，就在西禅寺当到典座，很得住持赏识。因为升得太快，被同辈排挤，常穿小鞋。当了几年，心情郁闷，没想到当和尚也这么累。这时慧灯师父从山里给他打电话，聊到竹峰寺近况。慧航听了，忽然动念，宁做鸡头不做凤尾，与其在大寺里打熬，不如另立山门，自己创业。而且他四处打听了一下，这个县城经济虽不发达，近年外出做生意的人多了，年节回乡，往往乐于捐助，寺庙还是有发展潜力的。加上慧灯在电话里说，你要来，住持给你当，你有本事。于是一拍大腿，他就来了。

来了之后，发现情况没想象的好。寺庙好容易有了起色，维持生计，绰绰有余，要发展壮大，则远远不够。这几年，他受了两个打击。一是想修一条直通山门的路，施主可以由山下直接开车到门口。问了一个在外做施工的老板，老板估了个价，高得离谱，说没办法，这个山实在太陡，施工难度很大。第一桩宏愿就此破灭了。二是他想申报文物保护单位。和县里几个领导都打过招呼，却没了下文。有人来看过，说你这寺庙过去破坏得太厉害，而且民国的老建筑，都残败了，近年重建的，价值不大。正在他将要作罢的时候，一个老头带了一队老头，上山来了。是县里的书法协会和诗词协会来采风，都是些退休老干部。上到半山，就都气喘吁吁，歇了一气，在半山腰分了韵，老头们各赋律诗一首，然后怀揣笔墨，奔袭到寺中，茶还没喝，就借了书桌，开始排队挥毫。为首的老头是县书协主席，他挥完了毫，对慧航说，解放前，这个寺庙的蛱蝶碑很有名，他小时候还见过，非常难忘。不知那块碑现在找到了没有？慧航不知道这事，问慧灯。慧灯说，没找到，找不到了。主席说，竹峰就这么点地方，能藏到哪里去？总归就在这山上哪里埋着吧？慧灯不说话了。主席临走前，对慧灯、慧航说，要是能把碑找到，一则是个文物，二则陈列起来，给大家观摩一下前辈书法，也是一桩功德啊。说完露出遗憾的神情，就下山了。本培收拾桌子，拿起那主席的题字看了看，问慧航，就这字也能当书协主席？慧航说，他儿子是市里某某部门的领导。这些事都是本培告诉我的。

本培悄悄跟我说，慧航这人，人是不错，好相处，就是有一样，官瘾大。他这几年的理想，不是什么内修外弘、重振道场，而是当上县政协委员。永兴寺的住持法峰和尚，就当了县政协委员。他对法峰似睡非睡地坐在会议桌旁的胖大形象非常向往。可是永兴寺香火很旺，每年还能给贫困生捐不少钱，因此法峰名声很好，俨然宗教界领袖。竹峰寺没法比。慧航想，要是能找到那块碑，一来，弄个玻璃柜陈列起来，游客来寺里，除了进香，也有个赏玩的地方；二来请人打个拓本，或拍个照片，给书法协会的主席老头送去，没准老头一高兴，能给他说上话。提名县政协委员，没准有戏。

于是慧航就问慧灯。慧灯逃下山时，也三十岁了，藏石碑的人里，想必也有他一个。起初，慧灯不说话，只是摇头，且难得地露出非常厌烦的神色。后来被磨久了，他才开口，对慧航说，碑，是师父领着我们几个师兄弟一起藏的。当时说好，就把碑藏在那，下山以后，谁问也不能说。慧航说，那现在寺庙不是重建了嘛，还藏着干嘛？慧灯说，就放那里挺好的，别动它了。拿出来，保不准哪天又有人来砸。慧航嚷嚷起来，说现在什么时代了，谁还会砸你的碑？慧灯就不说话了。

慧航不死心，前年从春天到秋天，每天一清早就满山转悠，找碑。先在山沟里找出一块石板来，又在山腰找到一个瓮，接连失望两回，这才有点心灰意懒。前年年底，他最后找了一次，无果而归，进门见到慧灯在那里雕一个竹筒，自得其乐的样子，忍不住和他吵了一架，逼问他碑在哪里。话说得僵了，两人一下都沉默起来。慧灯忽然剧烈地摇了一阵头，抿着嘴，大滴大滴的泪水滚落下来。老和尚哭了。哭得无声无息。神色很庄重，又像很委屈。慧航一下子就后悔了，也明白了慧灯的意思。老和尚对当年的承诺看得很重，是打算守一辈子的。另一层意思，他有点惊弓之鸟，总担心从前的事会再来一遍。碑还是藏着好，谁也砸不了。慧航觉得自己之前的做法，对师兄，是一种出卖，似乎有点羞愧。第二天起，他再没提过碑的事情。

去年一年，慧航的雄心壮志好像忽然瓦解了。可能是年纪到了，可能是山居生活改变了他的脾性。他有一天吃饭时竟然说，其实路修不上来，挺好的，人太多了，吵，也应对不过来。另一表现是他开始听评书，《三侠五义》《白眉大侠》《七杰小五义》《楚汉争雄》。他说他自小就爱听，扬州的茶楼、澡堂里，都有说书的，泡在热汤里，听着书，在池边嗑个瓜子，赛神仙。多年不听了，如今把这爱好捡起来。当然有客人来时，不好当面听这个，没人时听。后来还听上《鬼吹灯》

《盗墓笔记》了。他还会唱几嗓子，常哼的竟然是崔健和罗大佑。他说是大学时学的，那会儿兴这个，《一块红布》《盒子》《之乎者也》。黄昏时我在山上散步，听见远远的一个故作沙哑（模仿罗大佑）、荒腔走板的声音在昏暗中逼近，就知道，是慧航来了。

黄昏时我总爱在寺门外的石阶上坐着，看天一点一点黑下来。想到"苍然暮色，自远而至，至无所见而犹不欲归。心凝形释，与万化冥合"，这些字句像多年前埋下的伏笔，从初中课本上，或唐代的永州，一直等到此时此地，突然涌现。山下的村庄，在天黑前后，异常安静。直到天黑透，路灯亮了，才又听见小孩的嘶喊声。本培说，这村里有个说法，说是人不能在外面看着天慢慢变黑，否则小孩不会念书，大人没心思干活。我记起小时候似乎也听奶奶说过类似的话。山区里，古时山路阻隔，往往两村之间，口音风俗都有所差异，但毕竟同在一县，相似处还是较多。为什么会有这种说法呢？天黑透了却不忌讳，小孩一样玩耍，大人出来乘凉。忌讳的是由黄昏转入黑夜的那一小会。也许那时辰阴阳未定，野外有什么鬼魅出没？我想象在黄昏和黑夜的边界，有一条极窄的缝隙，另一个世界的阴风从那里刮过来。坐了几个黄昏，我似乎有点明白了。有一种消沉的力量，一种广大的消沉，在黄昏时来。在那个时刻，事物的意义在飘散。在一点一点黑下来的天空中，什么都显得无关紧要。你先是有点慌，然后释然，然后你就不存在了。那种感受，没有亲身体验，实在难于形容。如果你在山野中，在暮色四合时凝望过一棵树，足够长久地凝望一棵树，直到你和它一并消融在黑暗中，成为夜的一部分——这种体验，经过多次，你就会无可挽回地成为一个古怪的人。对什么都心不在焉，游离于现实之外。本地有个说法，叫心野掉了。心野掉了就念不进书，就没心思干活，就只适合日复一日地坐在野地里发呆，在黄昏和夜晚的缝隙中一次又一次地消融。你就很难再回到真实的人世间，捡起上进心，努力去做一个世俗的成功者了。因为你已经知道了，在山野中，在天一点一点黑下来的时刻，一切都无关紧要。知道了就没法再不知道。

余光霭霭中，我想东想西，又想到那块碑的去向。慧航不找了，我却对它起了很浓的兴趣。山涧里，怎么会找到一块没有字的石板呢？这事相当离奇。在我的想象中，那些字潜进了石头的内部，其实石板即是碑，那些字能在所有石头间流转，也许现在就藏在我脚下的石阶里，在柱础中，在山石内，在竹峰的深处，灵光一般，游走不定，幽幽闪动。

这样想着，我坐了很久，直到钟声响过，本培打着电筒来喊我回去。夜里山中静极。说天黑了，其实是山林漆黑，天空却拥有一种奇妙的暗蓝，透着碧光，久望使人目醉神迷。黑色的山脊有蒙茸的边缘，像宣纸的毛边，那是参差的林梢。寺中很早就歇下了。灯一关，人就自然地犯困，满山虫声有古老的音节。躺着算了算日子，已来了半月有余，没几天就该回去了。我在黑暗中摸到床头的钥匙，摸着"永安"两个字，想，是时候把它藏起来了。

藏在哪里好呢？清早起来，我在寺里寺外转悠，一面想。一个幽僻之处。一个无人知道的地方。一个恒久不会变更的所在。似乎满山随处都是。不对。随处挖个洞埋起来，不会带给我那种安适感，那种暗搓搓的欢喜，隐秘的平和。我散着步，脑中想着藏钥匙，不免又想到和尚们藏碑。如果我是慧灯他们，我会把碑藏在哪里呢？不，我不会埋起来的。在我们看来，知道那场浩劫只有十年，忍忍就过去了。在他们，也许觉得会是永远，眼下种种疯狂将成为常态。碑埋在土里，百年后那些文字难免漫漶得厉害。是我，我不会直接埋起来。不埋，还能藏在哪里呢？当成石板，铺在廊下？不成，廊下铺的尽是错落的方块小石板，没有这么长条大块的。我踱步到碑亭下，打量那碑座上的凹槽，琢磨了好一会，忽然想起一件事，差点叫出声来。这时他们已做完早课，本培来喊我吃早饭。早饭是粥、馒头、炒笋干、腌雪里蕻、腌菜心。我边吃边发呆。一个念头像一缕烟，在我心里袅袅升起，盘来绕去。饭后，我和本培一同去菜园侍弄茄子，我神思不属，差点没把那些茄子浇死。这些天来，我恨不得山中岁月能无限延长，这一天却盼着天黑。下午连去了几趟菜园，要么是本培，要么是慧灯在那里，轮流值班一样。我只好等着天黑，心下焦躁。

天黑透时，我在房里已躺了半天。出来看看，寺中一片静，各处都熄了灯。走过慧航房门外，里头传出单田芳苍凉的嗓音。本培房间窗户亮着绿荧荧的光，像一团鬼火。我知道那是他在玩实况足球，屏幕把他身后的窗玻璃都映绿了。慧灯的房间安安静静，老和尚想已睡下。院中虫声唧唧，此外别无声息。我回房拿了支小电筒，换了条短裤，穿拖鞋，悄悄进了厨房，推开后门。忽然有几道黑影从菜园里腾起，扑扑地远去了。我吃了一惊，随即知道是长尾山鹊，这种鸟红嘴蓝身，有着过分华丽颀长的尾羽，胆子极大，常来菜园偷食。

鸟去后，菜园里一味的黑，水流声在黑暗中听来格外空灵。我定了定神，没过小桥，却在岸边坐下，把电筒叼在口中，手扶岸沿，用脚去探溪水。水凉极了。我慢慢滑下去，在溪中站稳，水刚淹到大腿。溪中半是长草，高与人齐，我用手拨开，一步步往桥洞挪去。手脸被草叶刮得生疼。钻进桥洞时，和躲进瓮中有相似的感觉。桥洞因为背阴，没生多少草，人可以舒服地站着。

拿手电往上一照，原来这小桥是由两块长石板拼成，长不到两米，一块稍宽些，一块窄，都蒙了层青苔。两块石板的缝隙间，有土，所以青苔尤为肥厚。石板搭在两边石砌的桥墩上。我把手电凑近了石板，仔细看，窄的那块，青苔只是青苔；再看宽的那块——青苔下有字。我听见自己咚咚的心跳声。用手摸了摸笔画的凹痕，这才确信自己猜得没错。字迹在苔痕后时隐时现：

"……山川溪谷土地，所生卉木、丛林，及诸药草……密云弥布，遍覆三千大千世界……雨于一切卉木丛林，及诸药草，如其种性，具足蒙润，各得生长……犹如大云，充润一切，枯槁众生，皆令离苦，得安

隐乐……"

其实事情的经过很简单。白天我在脑中过了几遍，有了点信心，这才等到夜里无人，下桥洞来验证。和尚们逃下山前，把贵重法器藏在佛肚中、莲座里，蛱蝶碑太大，只能另藏他

处。我要不是因为自己要藏钥匙，设身处地地推想一番，也绝对想不到碑在哪里。看碑座上凹槽的宽度，可以估计出碑的尺寸，把竹峰寺前前后后想一遍，也只有这小桥较为吻合了。和尚们把原先的小桥抬起来，用石碑替换了其中一块石板，再原样放好，架在桥墩上。他们大概还在上面原样铺了层浅土，踩实了，弄得和菜园、厨房后门的土色一样，桥与岸浑然相连，不仔细看，都留神不到下面是石桥。被替换出的石板，如果就近扔在桥边，小将们见了，容易生疑，所以和尚们抬了它，远远地扔进南边的山涧里。就是这么简单一回事。慧航那么聪明，却总以为碑在竹峰上某处埋着，一来是灯下黑，二来他不理解我们藏东西时的心理。藏碑于桥，有字的一面向下，悬空着，不受土壤和雨水侵蚀；溪床里又满是茂草，将桥洞遮

掩，隐蔽得很好。我们日日从桥上过，谁也不会想到蛱蝶碑就在脚下。

我举头端详那些字迹。对于书法，我爱看，爱写，懂得不深。只觉得那一笔一画，看得人心中舒展。笔画间弥漫着一种古老的秩序感，令人心安。经文大半为青苔覆盖，然而仅看露出的部分，就已十分满足。写佛经，自然通篇是小楷。结体茂密，内敛而外舒，透出稳凝，而不沉滞；运笔坚定，但毫不跋扈。写经者极有分寸，他在雄严与婉丽之间找到了一个绝佳的位置，既兼容这二者，又凌驾于其上。更可贵是其安分：能看出写经者并非徒骋才锋，一意沉浸于书道，那经文本身想必亦使他动容，因为笔下无处不透出一种温情。字与经，并非以器盛水的关系，而是云水相融，不可剥离。我用目光追随着一笔一画，在石板上游走，忽然间得到一种无端的信心，觉得这些字迹是长存永驻之物，即便石碑被毁成粉屑，它们也会凭空而在，从从容容，不凌乱，不涣散。它们自己好像也很有信心。看了很久，我站定了，闭上眼，过了一会，在黑暗中看见那些笔画，它们像一道道金色的细流，自行流淌成字，成句，成篇，在死一样的黑里焕着清寂的光。我睁开眼来，心中安定。

老屋的钥匙早放在口袋里；这时我摸出来，在手心用力握了握，给它递一点温热。然后环顾桥下，见到石碑和桥墩的缝隙间，封着一道很厚的青苔，幽绿。我将青苔小心地揭开一点，然后趁钥匙上的一点热度还没消泯，把它放进去，推了推，塞实了；又把青苔小心地盖上。于是我的钥匙，钥匙里储存的老屋，老屋的周边巷陌乃至整个故乡，就都存放在这里，挨着那块隐秘的碑。青苔日夜滋长，将它藏得严严实实，谁也发现不了。唯有我知道它的所在，今后无论身在何方，都能用想象和它接通。也许多年后我会一时兴起，重来此地，将它取出；也许永远不会。只要我不去动它，它就会千秋万载地藏在这碑边，直到天地崩塌，谁也找不到它。这是确定无疑的事情。确定无疑的事情有这么一两桩，也就足以抵御世间的种种无常了。我这么想着，最后凝视了一眼那道青苔，那块碑，就钻出桥洞，爬上岸去。

第二天早上，浇菜的时候，本培说，溪里的草怎么东倒西歪的，是不是山上的麂昨晚跑到这来喝水？我低头锄草，不接话。过了一会，本培又问我，你手臂上的道道在哪刮的？昨天还没有。我只好扯了个谎，说昨晚肚子饿，想到菜园摘根黄瓜，太黑了没留神，滑到溪里去了。本培笑了我几句。慧灯在一旁插竹竿侍弄豆子，这时抬起头，深深地看了我一眼，没说话。

到了该回去的日子。午饭吃过，三人送我到寺门口，一一道别，慧灯送了我一本《金刚经》，说有空时看看。慧航给了我一条手串。本培和我一道下山，待会用电驴载我去车站。路过山腰那口瓮时，我又进去坐了会，盖上盖子，重温一下那黑暗和声音。本培也不催，就站在路边等我。午风中林叶轻摇，群山如在梦寐中，杜鹃懒懒地叫。我们一前一后，走在将来的回忆中。我恍恍惚惚，又想起我的钥匙来。我想到日光此时正映照溪面，将一些波光水影投在那碑上，光的涟漪在字迹上回荡，在青苔上回荡，青苔在一点一点滋长，里边藏着我的钥匙，钥匙里藏着老屋和故乡，那里一切安然不动。就这么想着，我一路走下山去，不知何时会回来。

2018.7.8——7.11

传彩笔

叶书华是我们县的作家。他是我爸的老友，我叫他老叶叔叔。我和他儿子是初中同学。

每个县都有几个作家。他们多半在体制内工作，业余喜欢写上几笔，写的多是乡土风物、生活记趣、童年回忆之类，有时也讴歌盛世。他们在艺术上野心不大，下笔平和端正，但文笔往往不错，那是一种年深日久的自我修养。老叶叔叔就是其中之一，他也写那种老式的散文，花上两三千字来描绘清晨散步时的遐想、公园里一条小径四季的变化、当知青时吃过的野菜等等。这种文字，对一般读者来说，不够有趣味性，没销路；在文学圈的人看来，又不够有深度，太陈旧。但他的文笔尤其好，能看出对文字的温情和耐心，我一度很喜欢看。他在县文化馆工作，散文只在地方刊物上发表过，所谓名不出闾里。在小县城里，大家对这样的人是有几分敬意的，但也不太多，只有在家中小孩作文成绩不好时，才想起有这么一号人。

大学时我念的中文系，免不了迷过一阵子文学。我自己也写了几年，不得其法，明白没有天分，于是作罢了。有一年为完成论文，我啃了好多现代派名家的作品，他们大都写得怪诞、沉重、扭曲，用迷离的呓语架构出一种貌似深刻的东西，我看得头疼欲裂，眩晕不已，差点就厌恶起文学来。寒假回家，我偶然拿起厕所中的一本地方刊物，看到了叶书华的名字，便睡眼惺忪地翻看起来。那是一篇描写在乡村一株柿子树下观看晚霞的散文。那些字句安宁、疏朗，如冬日的树林。语感真是好极了，让人不禁跟着低声念诵起来。我一下子就看进去了，很多年没从文字中获得这样的愉悦了。大学之后，我终日游走于西方大师之间，说实话，对这种乡土刊物上的乡土作家，是不太瞧得上的。这时，我却像从一家重金属摇滚乐肆虐的酒吧里逃出来，在后巷里呕吐之后，听到了天边清远的笛声。

从此我很爱看他的散文。得知他有个博客后，常追着看，有时还抄录一些段落。他的博客叫大槐宫，点击量很少，除了我以外好像也没什么人看。

后来他突然不写了。我身在异乡，自然不知原因，在博客上留言，他也没回复。和我爸在电话里闲聊时，谈及此事，我爸说："这不很正常嘛？都老了，我以前爱打乒乓现在也不打了，膝盖受不了。"

今年九月，一个秋雨绵绵的周末下午，我午睡起来，打开电脑，无所事事地刷了一会豆瓣。想清一下浏览器的收藏夹，就点开来，一条条地删。瞥见老叶叔叔的博客地址，躺在收藏夹里好多年了，就顺手点进去瞧瞧。竟然有一篇没看过的博文，阅读2，评论0。我看了一下，是篇小说。他好像从没写过小说。语言风格也大不一样。我把原文贴在这里：

我不记得谈话如何开始。我不记得我怎么来到了这里，坐在这亭子下，听着石桌对面的老人娓娓而谈。他在谈论文学。声音很遥远，仿佛来自晋朝的某个清晨，又像在光年外的太空舱里同我通话。嗓音有一点沙，带着黑胶唱片的杂音。在我生活的小城中，平日没什么人和我聊这个，此时和他一聊，真是痛快极了。那些沉埋在我脑海深处的观点，像残破的瓷片，被他灵巧地拾捡起来，合拢成一只圆满的碗。我正听得入迷，忽然意识到这是一个梦。因为他引用了一句诗，这是我中学时写在课堂笔记背面的句子，连同那本子一并遗失了，不可能有人知道。

我们坐在公园山顶的小亭子下。公园笼在浓白的雾中，仿佛与世隔绝。我的梦从山脚开始。我看见小径边的茶花，几团暗红，湿漉漉的。我先是看见花，随后想到花是香的，香气这才翩然而至。沿着小径往上走时，我记起山头上有个亭子，于是亭子的轮廓在雾中冉冉浮现。这公园许多年没有来过，似乎丝毫未变。松树的姿态，虫鸣的节拍，石上青苔的形状，甚至松果掉落的位置都未曾更改。只是雾大得有点出奇。登上山头，见亭下站着一人。是个老人，穿着略显破旧的灯芯绒夹克，微微秃顶，眼袋有点像王志文。他很自然地同我说起话来。我并不认识他，但也不觉奇怪。梦嘛。就朦朦胧胧地应着。云雾漫上亭子，堪堪没过脚面，我们像仙人般凌虚而坐。好像是他提议，我们来聊聊文学吧。我说好，聊文学。于是聊起来。

不知话题如何盘绕，他忽然说起韩愈的"小惭小好，大惭大好"，他说，无论一部作品在文学史上的地位如何，如果作者自己不满意，那么对他来说，这作品就是失败的。我点头同意，说《随园诗话》里有个说法，叫"可以惊四座，不可适独坐"，不能取悦自己的文章，再怎么让世人惊佩也没多大意思。他说，是的，反倒是作者越用心得意处，越不容易被人留意到。所谓"诗到无人爱处工"。我说，那就够了，"清香未减，风流不在人知"嘛。我从没和人聊得这么投机过，他也很高兴的样子，他说，我觉得像你写的"兴到闲拈笔，诗成懒示人"，这个状态就很好，介于"不示人"和"欲示人"之间，有个微妙的平衡。这时一缕奇异感让我寒毛直竖，这年少时的诗句我早已忘记。我明白身在梦中，且想起这公园早就不存在了，山头已被铲平，此处现在是个商场。我回忆起睡前我在修改一篇新写好的散文，文中试图描写竹林间的落日。我想写出余辉在竹叶间明灭不定的模样，却无论如何也不满意。这些年来，我已逐渐接受有许多事物无法用文字来形容这一事实。美景当前，人所能做的只有平静地收下这份美，连同那种无力感，试图付诸笔墨，多半是徒劳。抛下笔，我带着疲惫和怅然入睡。然后就飘坠进这座早已消失的公园。

意识到是梦后，周围的一切都暗下来，行将瓦解冰消。"如果你可以……"老人的声音响起，又把我牵扯回来，公园亭子，石桌石凳，重又明朗。他没来由地问："如果你可以写出伟大的作品，但只有你自己能领受，无论你生前或死后，都不会有人知道你的伟大——你愿意过这样的一生吗？"我想了想，问道："你说的伟大，是那种孤芳自赏的意思吗？"

"不是，是绝对的伟大，宇宙意义上的伟大。伟大到任何人看到你的作品都会倾倒、折服、迷醉。但没有人会看到，这就像一个交换条件。"

我已到人生的中途，写作三十余年，自认为天分并无多少，但对文学的虔诚却少有人及。何况，这是个假设。我故作旷达地一笑，说："当然了。为什么不愿意？"

他听了，点点头，从怀中掏出一物，缓缓地说："这支笔是你的。拿好了。"我伸出手时，发觉我的右手散发着莹润的光，像灯下的玉器。疑惑间，他已把一支奇怪的笔向我递来，我接过它。过程毫不庄重，像接过一支烟。我端详起来。这笔只略具一个笔的样子，一头钝一头尖，材质不明，却像有虹霓在里边流转不停，光色莫定，绚烂极了。又像一根试管，盛满液态的极光。迷幻的色彩在笔杆上交叠又舒展。我盯着看了一会，似要被吸进去一般，连忙把笔插进衬衫口袋，抬头看时，老人已无踪影。亭子溶解在雾中，我醒来。

起床后，觉得神清气爽，精神饱满。回味了一番刚才的梦，我走到书桌前，拿出昨夜的稿纸。才看了几行便已羞愧难当，我敏锐地觉察到其中的杂质、裂痕和磨损之处。笨拙得像中文初学者的习作。我把它揉成一团，在另一张稿纸上疾书起来。早饭前就完成了。我用了两个结实的自然段就捕捉到了竹林中的落日，轻松地像摘一枚橘子，阐明了竹叶、游尘、暮光、暗影和微风间的关系，删掉了多余的排比和不克制的抒情。如果世上有且只有一种方式能如实留存住我在那个黄昏的所见所闻，那么方才我已然做到。昨夜我觉得满纸字句像铁栅栏一样困住我，左冲右突而不得出；此刻却仿佛在星辰间遨游，探手即是光芒。

早饭后我把文章输入电脑，发邮件给当地报刊的编辑，在陶醉中构思新的文章。一小时后他回了邮件。他说叶老师你是不是选错附件了，是空白的。我再发了一遍。他说还是空白的，是不是版本问题？不祥的预感在上空盘旋。我拿着稿纸去厨房找妻子。在递给她的一瞬间，我看到纸上的字尽数消失了，像莲叶上失踪的朝露。她问我干吗。我失魂落魄地走开，才走了几步，字迹又布满了稿纸。我猛然领悟了昨夜的梦境。当旁人的目光触及，我的文章就会消失。我试着将它念诵，却张口无声。我甚至用相机拍下稿纸，照片在旁人眼中依然了无一字。我暗自琢磨了几天，认定这是一种代价，惩罚我窃取了某种秘奥（也许是仓颉的秘奥）。多年后，我觉得这更像是一道屏障，以维持宇宙间固有的平衡。我的理解是，对宇宙而言，任何形容词都无效，宇宙既不美也不丑，因此全宇宙的美与丑应是等量的，二者之和应为零。而那支笔将扰乱这一平衡，所以只能封印在创作者的精神领域，不能落实到现实当中。当然只是猜想。

但这些都不重要。重要的是文章。我不知这状态能持续多久，于是立即开始写新的，或者说旧时想写却没能够写出的文章。最初的阶段大约花了两年。我先把那座不存在的公园的一石一木都描摹出来，让它们在文字中不朽。然后干脆复原了整座县城八十年代的旧貌，所有店铺所有面孔，声音气味，无不传神。具体文字我已忘记，只记得写得优美极了，明澈极了。有时一篇只写一种野花，一个池塘，有时几个自然段就写尽了周边的群山。你就算从未到过那个县城，只消读上几页，诸般景象便会在眼前升起，仿佛已在其中生活了几世几代。

头几年中，练习越多，我的笔力提升得越是惊人。我能精确地形容出草叶的脉络，流水的纹理，夜半林中的声响，月出时湖面一瞬间的闪光，露水如何滴落，草茎如何弯曲又弹起。我能工笔写照，也能一语传神；能镂刻尘埃，也能勾勒出星河的轮廓。即便是少年人最微妙的情绪，在我笔下也会像摩崖石刻般展露无遗。没多久，我就厌倦了描摹现实。让我倾心的自然景观差不多写尽了，故乡和回忆都已拓印在纸上。情怀得到满足后，技巧上的野心就骚动起来。我意识到表达的畅快来自于阻碍和阻碍的消除，而当我的笔无往不利，思路开阔无碍，那种畅快也就不复存在，一切只是熟极而流的操作。我不得不制定更难的写作计划。

我先是试着写了一秒钟。也就是说，我写下了这一秒钟内世界的横截面。蜻蜓与水面将触未触，一截灰烬刚要脱离香烟，骰子在桌面上方悬浮，火焰和海浪有了固定的形状，子弹紧贴着一个人的胸膛，帝国的命运在延续和覆灭的岔口停顿不前而一朵花即将绽放……我试图立足于有限的时间里，来用文字笼络住无穷的空间。用去半年，写了几万字，文体难以命名。然后我又写了一立方米。也就是说，写了过往岁月中这一立方米内发生过的一切。填满过它的有黑暗，海水，坚冰，土壤。一只雷龙的嘴部在其中咀嚼银杏叶子。岩浆在其中沸腾。雪峰的尖顶在其中生长。头盔上的红缨。刀剑的光芒。蝴蝶在其中回旋了片刻。一支箭，一只隼，一抹云，一道闪电穿透过它。一对情侣的唇在其中触碰，又分离。现在它就在我书桌上，被一盏台灯的光给注满……但这些仍不能让我满意，笔力得不到充分的驰骋。我明白主题并不重要，歌颂英雄的功绩和赞美冬夜的被窝并无高下，重要的是主题的完成是否完美。我开始考虑文体的问题。

这几年里，一个我在纸上勇猛精进，另一个我在现实中却耐着诸般苦恼。首先，我变得太过敏锐，任何感触在我这都像洞穴中的呼喊，无端被放大数倍。再轻微的细节也印在心上，好似雪地留痕。我自己申请调去一个闲职，人际关系越简单越好。另外是构思时的浑浑噩噩、文章写成后的自鸣得意，这两者我写作多年来虽已习惯，但人间文字和天仙辞句终究不同，反应强了数倍，酝酿时如中邪，搁笔后如醉酒，我花了不少时间来适应，日常举止仍不免有些古怪。自从那场梦后，我不再有作品示人，相识的编辑都以为我放弃写作了，这也正常不过，中年后放弃写作的大有人在。有一天朋友开玩笑说我是不是江郎才尽了，我恍然大悟，第一次明白了这个成语的含义。

江淹的故事传反了。真实的故事和我们熟知的版本几乎是镜像。我查阅了几本书（那些文字在当时的我眼中自然已是拙劣不堪，我硬着头皮读下去），很快就琢磨明白了。江淹曾在梦中得到一支彩笔，从此文采俊发，后又在梦中将笔交还给人，此后再无佳作，世称才尽。给他笔的人，有的版本说是郭璞，也有说是张协的，这无关紧要。在我看来，真相是这样：江淹原本就才华横溢，传世之作都写得笔之前，因此才有得笔的资格（也许他的右手也会发光）。得了那支笔后，他成了真正的天才，写出了伟大的诗，但无法示人，因此被误解为才尽。他也许失口对人说过那支笔的存在，世人根据他的创作经历，曲解了故事的原委。想到自己能有和江淹一样的遭遇和资质，我简直喜不自禁。彩笔就在我的梦中，别在我衬衫的口袋上。我不知道给我笔的老人是谁，但我不会再把它交给任何人。

得笔的第三年，我终于着手写一些真正不朽的东西。我意识到散文的美在于舒展与流动，像云气和水波，但这也注定了它的形式不够坚固。再精致的散文，也总有一些字可以增减。想要那种不可动摇的圆满，只有求诸诗歌。我要写这样的诗歌：它的语言应是最优美的现代汉语，不应求助于古诗的格律，但音韵和结构要如古诗般完美。文笔要节制而辉煌，吟咏的对象包括但不限于整个世界。鉴于诗歌和漫长是相当程度上的反义词，因此这不是一首长诗，而是一组诗，但每首之间相互关联、呼应，像星体环绕着星体，水裹着水，花枝连缀着花枝。一旦我完成并记住这组诗，全宇宙就包含在我体内。所有山岳和星斗，所有云烟，所有锦缎和烛光，所有离别，所有帝王的陵墓，古往今来每个春天豪掷的所有花瓣，这些事物都将隐藏于我体内某个神秘的角落，并在我无声的吟诵中逐一闪烁。

制定好计划，就开始动笔。起初，我的脑子像一面巨大的中药柜，词汇分门别类地躺在无数抽屉里，我清楚它们的位置，熟练地抓取需要的文字，配成需要的句子。该芬芳的芬芳，灿烂的灿烂。到后来，文字纷纷扬扬从天而降，我像在雪中舞剑，总能在万千雪花中击中最恰当的一朵。当我要使用比喻时，我仿佛洞晓了万物之间隐秘的联系，凭一个比喻就能将彼此接通。所有意象都蹲伏在肘边，听我号令。斟酌音韵就像编织花环一样容易。我熔铸月光，裁剪浮云，掣长鲸于碧海，我统治天上的星星……

两年后，我完成了组诗的四分之三。但问题已初露端倪。这种通灵般的写作状态对生活的影响，在我完全可以忍耐，难以忍耐的是写作之后的狂喜。这狂喜无人可以分享，直到拖垮成一种疲倦。写作诚然能带来最澎湃的快乐，但他人的认同能让这份快乐变得确切，从滔天的浪涛变成可以珍藏的珠玉。我确实越写越好了，即便是现在，也已足够伟大，但这伟大无人见证。这并非无关紧要的事。我年轻时有许多次类似的经验：自以为写出了杰作而狂喜，隔了些时候再看，不过敝帚自珍罢了，一场蜃楼。我穿越了一万重蜃楼才奔走到如今，如今我确信这不是幻觉，眼前是真正的琼楼玉殿，可此时的狂喜和当时似乎并无不同。一样是胜事空自知。我指着天边的蓬莱幻境欢呼雀跃，所有人都视而不见；仙乐自云中降下，唯我如痴如醉，他们却充耳不闻。有时我突然动摇起来，怀疑一切又是一场错觉。我渴望听到别人的评价，来将这狂喜落到实处。有时我甚至想，要是当初没有得到这支笔，凭着仅有的一点天分努力下去，似乎也会有一个不错的人生。我尽力写一些还过得去的东西，得一点肯定，再踏实地写下去。那种欢乐虽然细碎，毕竟是细碎的珠玉。

动了这念头之后，我又开始做关于那支笔的怪梦。梦中我怀揣着彩笔，飘荡在夜空中，幽灵一样，俯瞰人间的屋顶。我寻找那些手指间有光的人。我能透过屋顶看见那些微光，然后飘落下去，穿进那个人的梦里。每个人梦中的场景都不同。有的在山洞里，有的在马背上，有的在潜水艇中。我挨个问他们当初那老人问过我的问题。他们都表示不愿意，将我请出或轰出了他们的梦。毕竟人在梦中没法说谎和逞强。我像个失败的推销员，四处游荡。后来我遇到一个少女。她戴着圆形眼镜，五官看起来很温驯，但眉眼间有一点执拗。"如果你可以写出伟大的作品，但只有你自己能领受，无论你生前或死后，都不会有人知道你的伟大——你愿意过这样的一生吗？"我熟练地问出来。"嗯，我愿意。"她有点怯怯地说。这来得猝不及防。像特工对上了暗号，齿轮合上了齿轮，我似乎听到黑暗中咔哒一响，有什么开始运转起来。我把笔给了她，不舍又释然。

醒来后，我打算继续前一天的工作。组诗即将完成。打开笔记本，我目瞪口呆，随即想起昨夜的梦。纸上一字也无。我只是动了不想要笔的念头，并没有决意要舍弃，却已在梦中诚实地交了出去。仿佛那笔容不得一丝不虔诚。我无法形容我的懊恼。我试图回忆那些诗句，脑中空空荡荡，像从群仙的会饮中骤然离席，再也想不起琼浆的滋味和霓裳的色彩。我强行挤出了一些文字，却无法卒读。我把它们展示给朋友看。多年的呕心沥血之后，总算有人看见了我的文章，我有一种终于抵达的倦意。他们都表示赞赏，且说比我当年写的还要好，但我并无喜悦。我像从云端跳伞，挂在了崖边树上，形成了一种不上不下的风格。我领受过伟大作品的伟大，便无法再满足于这种残次品。饕餮过诸神的盛宴，从此人间脍炙都索然无味。我不再写作了。当时那种通灵般的笔力荡然无存，眼界却似乎并未降低。我知道现在敲下的每一个字都粗砺不堪，这种折磨细小而绵长，像鞋中永远倒不出的沙粒。我忍耐着把这个故事记录下来。

我不再写作，甚至也不再阅读了，我知道真正伟大的文字都存放在我们目光无法触及的地方，古往今来都如此。我对不从事写作的人肃然起敬，因为他们都有可能曾经拥有，正拥有，或将要拥有那支笔，在无人知道的地方书写各自的杰作。因此那支笔无处不在。它正在某个人的梦里发光，从一个人的梦里传到另一个人的梦里。人会死，文明也可能覆灭，唯独它是永生的。

我并非一无所获，我还有这些年用过的笔记本，一抽屉，一书架都是。打开来，全是空白的。但我知道，当本子闭合时，隔绝开所有目光，那些字句会重新显现。黑暗中，它们自顾自地璀璨。我把本子放在枕下，临睡前摩挲一番，枕着我几乎就要拥有的整个宇宙，然后坠入日常的，琐碎的梦中。

老叶叔叔的这篇博文发表于 2011 年 11 月，也就是他去世前两年左右。风格和他以前的散文大不相同，我看完很吃惊。过年回家，我找了个略牵强的理由，约老叶叔叔的儿子吃饭。他儿子现在也从事写作，算是子承父业，而且成功得多。前几年网络小说兴盛时，他在某网站写过仙侠、盗墓、穿越和宫斗小说，都挺受欢迎，其中一部正在洽谈影视改编权。如今他经营一个公众号，单是给电影和游戏写写软文，一年收入就很可观了，比他父亲一辈子的稿费还多。菜上齐了，我们喝了几杯。

我说起前阵子看了老叶叔叔的博文，一个挺有意思的小说。他说，是嘛？他还会写小说？我真不知道。我以为他只会写那种老套的散文，写写乡土风光什么的。他吃了一筷子菜，突然叹口气，说："你知道吗？其实我爸去世前好几年，脑子就有点不太清楚了。他一下班就把自己关在房里，说在写一个厉害的东西。趁他去上班，我偷偷翻了他的本子，你知道写着什么吗？"我摇头。"什么都没有。全是空白的。我都有点毛骨悚然，不敢告诉我妈。后来他好像突然好了，不闷在房里，出去跟人下下象棋，和你爸溜溜弯，精神也好多了。谁想到心脏有毛病。"我问后来那些本子呢？"放在家里看着膈应，清明节都烧掉了。怎么了？"他有点奇怪地看着我。

2017.12.16

裁云记

驶回郊区的大巴上，我开始觉得情形不太对劲。时值初秋，满山草木松脆，凉风中有稻香浮动。田野金灿灿的，耀人眼目。水稻并非一种植物，而是从泥土中生长出的光。天蓝得像一个秘密。大地起伏，山丘凝碧。这时我望见一些奇异的暗影，正温柔地拂过稻田，缓缓向远处绿野推移。这景象似在梦中见过一般，又像前生残留下的记忆。一种古老的感觉升起来，心头很是舒畅。后座的孩子问："爷爷，那些是什么东西？"

我在修剪站工作五年了。这次借下山采买物资，去县城拜访了一位老先生。从他家出来时，我满脑子尽是那副漫长的对联和凤凰的鸣叫。

在宾馆过了一夜，我动身回去。这座县城是灰色的，周围是暗绿的群山。一道深灰从暗绿中盘旋而出，那是公路。路经几个村落，村落是土黄色和黑色的堆叠。一晃而过。然后是绵绵不绝的暗绿，间杂着几簇枯黄和赤红。一小点白色，缀在山腰上，那就是我的修剪站。云彩管理局下属有很多个修剪站，遍布在城市的四方。

我的日常工作是修剪云彩，维护机器，打印广告，保证修剪站的正常运行。这是个很闲的岗位，工作完成后全部时间归个人所有。站里以前有个门卫，是个哑巴，我来了没多久就死了。后来翻检遗物，才知道他曾是个连环杀手，定期下山作案一次。除了我和门外石阶上的青苔，站里没有活物。站外倒有许多，这里临近森林保护区，夜里可以免费收听各种鸟兽的吟唱。

云彩管理局是个历史悠久的机构。很多年前，当时的元首要来本地视察，全市如临大敌，把街道扫荡得纤尘不染，建筑外墙全部翻修。长得歪歪扭扭的树都拔了，重新种上笔管条直的，树冠修成标准的圆球状。流浪狗一律击毙，拖走。为防止产生异味，街上所有垃圾桶不准往里丢垃圾。元首来了。是日天朗气清，上午九点钟，街上人车皆无，草木肃立，重重大厦在阳光下熠熠生辉。元首背着手逛了一圈，很是满意，对身后官员们说："你们这个市容管理得很好嘛！街道干净，绿化也不错。就是今天天上这个云，怎么破破烂烂的。你们看像不像一块抹布？"官员们猛抬头看，只见一碧如洗的天上，不知何时飘来一抹云，造型凌乱，甚不雅驯，正懒洋洋地拂过日头。官员们的脸由明转暗，汗出如浆。其实元首心情挺好，不过顺口开个玩笑，想展示一下风趣。元首一风趣，从此天底下的云彩全遭了殃。视察结束，云彩管理局随即成立，负责管理城市上空所有过境浮云。《城市云彩管理条例》规

定："所有云都应依法修剪成规定尺寸的椭圆形，边缘为均匀的波浪形花边，否则即属于违法云，我局将依法对其进行消灭。"

从那时起，所有的云都成了卡通画里的样子，胖乎乎的，看起来很温顺。语文课上，"流云"、"落霞"这类陈旧的词语已经很难解释了。我所在的云彩修剪站，位于云帽山森林保护区的边缘，是一座顶端圆润、形似灯塔的白色建筑。我住在塔顶，库房在塔底，塔中部两侧各有一闸门。其实这是一台巨大的机器。附近的山谷产云，夜里会氤氲起满满一谷的云气，浓白如牛奶，清晨时渐渐飘出，有时一团一坨，有时一丝一缕，都是些蓬头垢面、不修边幅的违法云。飘出来的云都被吸进闸门里，等从另一侧闸门释放出来，就成了标准的椭圆形合法云，边缘带波浪形花边，像一块一块可爱的饼干，徐徐飘向城市的上空。

后来市场经济兴起，政策渐渐宽松，云彩局也接一些业务，包括在云上打印广告。在云彩中央挖出一排镂空的字，云飘在蓝天上，字就是蓝色的，很显眼。云广告的缺点是随处乱飘，无法定向投放，且持续时

间不长，一天半天就散了。所以广告费不贵，接不了什么大广告。诸

如"招租135×××"，"不孕不育，就来××医院"之类的比较常见。也接私人业务，每逢情人节，天上就飘满了印着"王丽红我爱你"、"李秀珍嫁给我吧"的云彩，颇为壮观。广告信息由局里发给我，我再输入后台，修剪出来的云就带上字样。有时一阵大风刮过，云破了，字歪了，或两朵云撞在一块，揉成了"王丽红我爱李秀珍嫁给我吧"，这时我就紧急出动，开着所里配的老式双翼机，嗡嗡嗡飞到天上，往云里投一个化雨弹，这些乱七八糟的违法云就"蓬"的一声消散无踪，重现朗朗晴空。底下则落了一阵骤雨。

山居生活我倒不觉得枯寂。捧一杯水，什么都不做，尽日对着门前黄叶飘落，我觉得很安适。黎明时，躺在床上，能听见青苔滋长的声音，像黑暗中的潮水。寒夜里我喝一点温热的黄酒，用收音机听评书。我的老师去世前，将几千册藏书留给了我，我分几次运进山来，按封皮颜色的深浅码好。有时随意抽出一本看看，有时只是摸摸起伏的书脊。我决定选一门学问作为毕生的事业，但还没有想好。我端着那本《海洋古生物学》坐在窗前时正当黄昏，林中烟萝小径上鸟声稠密。狐狸背着包袱从山上下来。

这只狐狸我认识，常化了人形到县城里玩，每有大片上映必去看。我比它落伍多了，新任元首上台的消息还是它告诉我的。经过修剪站时，它抬头对我说："又在看书。上次叫你打牌你不来。" 我说："你这是干吗去？出远门？"

它说："听说最近《阿凡达》上映了，我进县里看看去。一起吗？"我说什么达？它怜悯地看了我一眼，摇摇头走了。我继续看书。

《海洋古生物学》我看了半年。在深山里研究海中久已灭绝的巨大生物，有一种甜美的荒诞感。我并非想成为学者，只想找一处深渊供我沉溺。一些知识在脑海中沉积成珊瑚，一些则如遮天蔽日的鱼群，疏密不定，轰然而散。半年后，当一只沧龙时常横亘在我梦中，我停止了学习。我意识到再往下研究，就永远出不来了，深蓝色的魔咒会席卷我的余生，于是驻足不前。

接下来的三个月我开始研究建文帝的去向。我在清初一本笔记中发现了一首七言古体长诗，作者暗示其中隐藏着朱允炆埋骨处的线索。因语多涉及道家术语，我转而研究起《云笈七签》，又花去几个月。一天夜里我从红彤彤的梦中醒来，惊觉再看下去，我的后半生将笼罩在公元一四〇二年那场大火的光焰里，永不得脱。于是我结束了钻研，第二天修剪完云彩，我开始翻阅永动机的历史。

三个月过去，详细分析过两百例失败的方案后，我发现自己也动了制造永动机的念头，再次警醒自己，停止了阅读，将笔记本上的草图投进炉火。于是那座银光闪闪的、蔑视宇宙定律的宏伟机器，还未存在就已灰飞烟灭。

这些年我像在洞穴中行走。我站在分岔处，前方有许多通道，每一条都深不见底。随手扔进一颗石子，数十年后仍传来回声。我知道随便选一个洞口进，沿途都有奇妙的钟乳和璀璨的结晶，每一条通道都无穷无尽，引人着魔。但我就是下不了决心去选择。总是走了一段，怕再走就回不了头了，又毕恭毕敬地退出来。我不知道哪个最适合我，又无法逐一尝试。选择其一，就意味着放弃了无穷减一种可能性。于是我就在分岔处耽搁了许多时日，感受着所有洞穴向我吹来的阴风。

这天我把修剪机器调到自动模式，确定了定型液（喷洒后能让云的形状维持久一些）水量充足，关上灯，锁好门。踩着落叶下了山，沿着荒草丛生的小路走了大半天，到最近的站点搭车进县城去。我的老师生前有一位老友，多年未见了，我突然决定去拜访他。灰色的大巴停下，我混进灰色的人流，在灰色的路牌指引下来到那栋筒子楼灰色的院墙前。黄昏先我一步而至，栖身在院中大榕树的枝叶间，像许多细碎的橘红色星星。蝙蝠在余光中低低飞舞。我上了楼。

楼梯间还是那样破旧。灯泡上蒙了灰尘和蛛丝，墙皮剥落成神秘的图案。一些冰凉的音符，玉石质地，从楼梯上一级一级跳落下来。是巴赫的赋格。我知道这是一个老太太在弹奏，欣喜她还活着。许多年前我来过这栋楼，我的老师曾在这里居住。那时我还很年轻，很早之前就听人说过，这楼里住的都是些着了"魔障"的人。当时觉得他们挺可怜，现在则艳羡不已。楼中住户原来都是些教授学者，后来放弃了世俗的荣誉和温暖，在世界的某个点上钻了牛角尖，无暇他顾，从而抛掷了一生。在外人看来就是一群魔怔了的老头老太。有的毕生研究开膛手杰克的身份；有的一心要证明四色猜想；有的试图复原已失传的乐器；有的在研制柴窑配方；那位老太太本是宗教学家，在十八世纪某修道院的账本中发现了一张古旧的便笺，上面暗示巴赫的乐谱里隐藏着一道神谕。于是她着了迷，钻研多年，成了杰出的密码学家和演奏家。从精神病院出来后，原先的单位安排她在这里度过晚年。

我敲开门。老先生见了我也没有多惊讶，招呼我进来，握手，寒暄，倒茶，颤巍巍地将杯子端给我。他脸上有长年不曾交际的僵硬，我想他也从我脸上看到了。我们磕磕绊绊地聊了一会先师的事情，我毫无过渡地把关于洞穴的困惑告诉给他。他盯着茶杯，叶子徐徐旋转，把水染成黄褐色。他说："是啊，值得人沉迷一生的事太多了。像你说的，每个洞穴都充满诱惑，难以取舍。我年轻时也在分岔处犹豫过。后来我才明白，不是所有洞口都陈列在那里，任人选择；有的埋伏在暗处：我一脚踏空，就一头栽了下来，到现在也没有落到底。"

"像陷阱一样？我好像还没遇到过这种情况。"

"看人了。有的人注定会掉进某件事情里去，绕也绕不开。有的人就不会，一辈子活在洞穴和陷阱之外，一样活得好好的。通常会更好。"

往杯中续上水后，他向我描述他的洞窟。八十年代中期，他偶然得到博物馆清出来的一卷古书。因破损不堪，缺漏字太多，语意也莫名其妙，没人能解，就送来给他。他仔细研读后，发现整本书是一副对联，长达数千字。编纂者故意在上下联中各隐去一些文字，上联的缺失只能从下联对应处推断出来，反之亦然。听到这里，我插嘴说，可是对联没有唯一性啊。他说是的，这才是迷人之处。比如上联有个词：青山，下联怎么对？理论上说，只要音为"仄仄"的，带有颜色的词皆可。可以是碧水、白水、白首、绿树、绿水……但如果这些字在上联的其他部分出现过了，就只能全部排除。如果下联的其他部分必须用到水字，那水字也不能用在此处。而且考虑到"当句对"，可能性又多了许多。比如在这联中，青山所对的，按目前推测，很有可能是桂棹。好像不太工整？其实下联此处是桂棹兰舟，上联是青山碧水。上联两个颜色在句中自对了，下联两种材质也自对了。好比"紫电青霜"对"腾蛟起凤"，"云容水态还堪赏，啸志歌怀亦自如"。但这也未必是最终答案，整副对联没有填补完整前，之前对上的字都有可能被推翻。一次又一次地推翻。这就像一个流转不息、无穷无尽的填字游戏。他说他曾幻想当一个登山家，更小的时候则想做钟表匠；后来得到这副对联，同时体验了两者：没有比它更陡峭的山岭，没有比它更精密的机械。而且这些残缺的文字里，有雪峰上或齿轮间所找不到的，"更圆满的安宁"，他这样说。

我接过那本书的影印本，翻看起来，像捧着一座金残碧旧的宫殿。他曾是知名的古典文学教授，掉进洞穴后对其他事丧失了兴趣，成了一个乖僻的孤老头子。他说，对仗是格律诗的精要，完美的上下联自成一个对称且闭合的宇宙，光整圆融，什么都动摇不了。

我问他，那对出来之后呢？他双手交叠，抚着手背上的皱纹说，不知道。一开始我只是试着玩玩，很快就被它攥住了，只知道非对出来不可。后来我搜寻到一则明末笔记，上面说对联完整之时，会听到凤凰的鸣叫，同时天降清霜。一位英国汉学家曾在日记中揣测：对联中每个字词都来自一行不朽的诗句，无数诗篇的碎片将在对联中隐秘地闪烁，像湖底的群星。一封民国时的手札则隐晦地说，一旦对联闭合，就抵达了一切文字游戏的终点，像长蛇吞食自己的尾巴，直至化为乌有：世间文字会尽数消失，宇宙恢复神圣的缄默，天地复归于混沌。他说他也不知道这是瞎说，还是文学性夸张。但，也没准是真的。最后他同我分享了对联的几处新进展，昨夜他想到或许能用"藤萝月"来对"草木风"。茶叶在水中完全舒展开来，像魔鬼鱼轻柔地游荡。

我下楼时天已黑透。顺着巴赫的赋格一路绕下楼梯，觉得这栋楼本身就像一座迷窟，每扇门后都是一条漫长的洞穴。院中树影和夜色重叠，黑暗更为浓稠。望不见蝙蝠了，只听到扑翅之声。出了院子，外面凉风似水。

次日回程的大巴上，我尽想着凤凰叫起来是什么声音，半天才发觉稻田上移动的暗影。这些影子漫过原野，抚过水面，爬上山脊，一直向我来的方向奔涌而去。山川田野忽明忽暗。我抬起头就看见云。大朵大朵的，蓬松的，凌乱的，飘忽不定的云。有的像奔马，有的像海豚，更多的则什么都不像，世间没有任何事物能比拟它们的形状。我的眼睛一会蓝得深邃，一会白得耀眼。后座的小孩又问："那是什么？"一个苍老的声音说："是云吧。"小孩笑了："爷爷乱讲，哪有这样子的云。"

我这才意识到出了事。原来我不在的时候机器坏了。车一到站我就跳下去，沿着山间小径一路狂奔，到了修剪站。进办公室一看，座机上无数个未接来电，都是局里的。我跑进库房，没一会开出来一架老式双翼机，嗡嗡嗡就上天了。

我一看飞机表盘，幸好化雨弹囤得挺多。将马力开到最大，机身震颤不已，像咳嗽起来的老人家，朝那些违法乱纪的云彩们飞去。有一瞬间，我觉得自己所做的事挺无聊。我跟这些云无冤无仇，不仅如此，我还挺喜欢它们，此刻它们在阳光照耀下洁白如雪，边缘染了淡淡蓝光，悬浮于人世的上空，显得雄伟、高贵、桀骜不驯。但我不能不消灭它们，否则就丢掉饭碗。一个人的求生欲爆发起来同样是桀骜不驯的。我还想留在云彩修剪站，继续我的洞穴探险。我想不出此外还有什么可做的。更何况，云本来就该是椭圆的，我从小见过的云无不如此。这和人必须打领带一样，是不需要理由的事情。这些不需要理由的事情，是文明世界的基石，不容动摇。于是我义无反顾，径直向云冲去。临近，投弹。

"蓬"，下了一阵若有若无的雨。事后局里对我进行了通报批评。局领导很生气，在机器故障的几个小时里，他觉得自己丧失了对天空的掌控权，这是不可想象的侮辱。我以为我会被开除。结果没有，局里的同事们谁都不爱到深山去修剪云彩，于是大家都替我说好话。最后定的惩罚是让我继续在修剪站待着，十年内不许申请调回。开完批评会，我再次乘车返回山里。

车经过一个村庄，就下去一拨人。人越下越少，快到森林保护区时，就剩我和后座的大叔。忽然听见嘭的一声，回头看，一阵烟雾飘散，后边坐着那只狐狸。它见我回头，先吓了一跳，见是我，又乐了，说："变身时效到了，我还以为前面是谁呢，一路憋着，早知道是你我早变回来了。"

我说："又去看电影了？好看吗？""好看好看。不枉我大老远跑一趟。"经过树林，它怕被司机看见，从窗口跳下去，钻进树丛里。车到了站，我又踩着枯叶回修剪站去。

夜里，门上响起剥啄之声。我开了门，是那只狐狸，它再次邀请我加入牌局。不好一再拒绝，我就随它步入林中，进了一处山洞。洞里有一树桩，上面一副扑克，地上一只大龟。狐狸说，我们斗地主吧。原先它们和一只松鼠打，秋天来了松鼠要忙着屯过冬粮食，来不了。于是请我凑个数。当下我们斗起地主来。我意识到每一局牌都是花色和数字的随机排列，打上一万局也不会重复。这也是一个无穷无尽的游戏，可以消磨一生。我问，我们玩钱吗？狐狸说我们哪有钱？我们赌命，计分的，一分十年的寿命。说着往我头顶看了看，好像那里悬浮着一个数字。它说，你才这么点啊，没事，不够了我们匀给你。老龟多得用不完。就是它出牌太慢，你别介意。我说哪里，我打得不好，你们得让我一点。我抢了地主，抽出三张牌，往树桩上扔去。

天亮时，我回到修剪站。等白色的椭圆形排着队飘出闸门，我来到书桌前坐下。摸出一张纸来，开始在上面写东西。我想关于洞穴的问题算是解决了。我坐在那里，用了一刻钟才接受了这个事实。我在纸上把有兴趣的学问一门一门列出来。每门研究二十年的话，以我现在的寿命够研究一百二十门了。我可以花上一百年在远古的深海潜行，一百年去追踪建文帝，再花个几世纪去死磕永动机，剩下的时间我将在所有洞穴间从容游荡。我将通晓一切草木的名称，熟知所有星星的温度。如果掉进某个陷阱，那就死心塌地，一往无前。晨光熹微中，我的手指从一排书脊上慢慢拂过，像抚摸着琴键，然后停下，抽出一本，就着窗前的光亮，读起来。

2017.9.26 午后，10.7 改定

酿酒师

陈春醪在烧柴时打了个盹。碧粳米在锅里煮着，水已成浅绿，咕嘟咕嘟。童子用一条带叶的竹枝轻轻搅动，让水和米染上竹叶的清香。昨天夜里，陈春醪做了个漫长的梦，醒来后就忘了梦的内容，但梦的气味仍在，缭绕在屏风和枕席之间。他一整天都神思不属，这会打了个盹，这片刻的睡眠接通了昨夜的梦境，像小水池接通遥远的湖泊。他想起梦中自己是个童子，跟随师父去黄河的源头取水。可他明明就没有师父啊，真是奇怪。河道两岸土色如丹砂，空中有白鹤飞鸣。师父白须飘飘，凝视着水面。后面就记不清了。

陈白堕，字春醪，青州齐郡人。世称春醪先生、大白堂主人、壶中君。二十岁开始酿酒，无师自通，当世莫及，人说他得自天授。三十岁不到，就研制出名酒"昆仑绛"，名动帝京。酿酒的水就取自黄河源头。他乘舟溯流而上，手持一瓢，袍袖当风，眼睛紧盯着水流，不时用瓢抄起一点水，倒进桶中。他能分辨出水中最精华的部分，捕捉最优美的波纹。一日不过收集小半桶。取水就花了九个月。这水积贮久了，就呈赤红色，运回来酿

酒，芳味无双。这秘法没人教给他，他自己也不知得自何处，仿佛天生就知道。本朝诗宗李若虚，喝了昆仑绛后，颓然道："我的诗只能流传于口舌上，最多抵达胸臆之间，春醪先生却能以水米为辞句，以曲蘖为韵脚，所酿的诗能透人脏腑，随血脉流遍周身，真是天下绝艺。"

陈春醪说："先生过誉了。这酒滋味虽佳，却算不上真正的好酒。"李若虚问："怎样才算是好酒？"陈春醪沉吟半晌，答不上来。他

也没喝过比昆仑绛更好的酒，但他确切地知道，曾经有更好的酒存在。童子犹豫半天，扯了扯春醪先生的衣袖。陈春醪从瞌睡中醒来，一看炉灶，还好没误了火候。空气中满是碧粳米特有的香气。这种米煮熟了是碧绿色的，价昂量少，极难收罗。便是豪门巨贾，不识门路也买不着。只有他的大白堂能用碧粳米来酿酒。米熟了，在晾堂里摊铺开来，待凉透了才能用。米香中有竹叶气味。这种味道在成酒后极淡极淡，寻常人饮用时只觉得有点清爽之气，当世只有几位酒中方家，才能从杯中尝出露水的记忆和风的形状。

秘制的麦曲饼研磨成粉后，已在玉泉山寒松涧担回来的水中浸泡了三天。再取出沥干，放进瓮中，倾入北辰岭百年以上的积雪煮成的清水。这只大瓮出自建窑名匠之手，制成后七载，从未盛放过他物，再填满松毛，静置三年，以去烟火气。这日午后水面开始冒出极细的气泡。陈春醪沐浴更衣后，开始投米。凉透的碧粳米，香软之极，用手抓起一把，温柔地洒入瓮中，一次只一把，投了三斗，花了一下午。静置一夜后，第二天继续投米，五斗。夜里瓮中发出奇异的声响，像有人在山谷中吹埙。隔了三天，第三次投米，投一石。这时往瓮中瞧瞧，里边像凝碧的深潭，水中有细小的荧光幽幽旋动。最后一次投米之后，处置完毕，用荷叶盖住瓮口，糊上黄泥。荷叶一定要用当天采的，黄泥淘过九遍，极细腻。接下来的事就交给时间。这是陈春醪最不喜欢的部分。他常常懊悔自己不当个画工或木匠，整个作品从头至尾，都是自己一笔一刀弄出来的，不假外物。酿酒师和窑工相似，最后一步要么交给时间，要么交给火焰，无法亲自掌控，真是令人焦躁。

封口之后，一般人要焚香祝祷。其辞曰：东方青帝威神，南方赤帝威神，西方白帝威神，北方黑帝威神，中央黄帝威神，某年某月某日某辰，敬启五方之神：主人某某，谨造某酒若干。饮利君子，既醉既逞；惠彼小人，亦恭亦静。酒脯之荐，以相祈请，愿垂神力，使虫蚁绝踪，风日相宜……

陈春醪从不做这些。他认为酿好酿坏是自己的事，不喜欢别人（包括神灵）插手。整个酿酒期间，瓮都在鸣叫。起初瓮声瓮气，像埙；后来清亮如笛声，有时淅沥如急雨；夜里像某种动物的哀啸。大白堂附近人家夜夜都听得见，凄婉之极，妇女听了常忍不住哭起来。三个月后，声音才渐渐平息。这说明酒曲的"势"尽了，酒已熟。

开瓮那天，李若虚来了，陈春醪请他第一个品尝。酒名老春，酒色青碧透亮，滤过一遍，仍是极稠，盛在杯中如柔嫩的碧玉，微微颤动。众人围观下，李若虚小心地捧起，喝下。

闭眼沉默许久后，他说，好像有月光在经脉中流淌，春风吹进了骨髓。他说自己平生游宦海内，所历风霜苦楚无数，此时仿佛都被洗涤一空。酒是试酿，只有几坛，当下被嘉宾分酌殆尽。陈春醪自己留了一坛。宾客中有一位是海外万忧国来的客商。万忧国人生性多忧虑，容貌特异，矮若侏儒，无论老幼，全身皮肤都是皱巴巴的。这位商人喝了老春酒，顿时大哭起来，众人不明所以，看他哭了大半日，像拧干了水一样，身体渐渐舒展开，皮肤平整起来，人也伸展成常人高矮，成了一个体面的富家翁模样。问他感受如何，他想了一会说，明明让人发愁的事全都还在，却觉得没什么好愁的了。心上像脏桌子被抹布抹了一遍似的，干干爽爽。他生平第一次哼起歌来，蹦跳着扬长而去。

众人纷纷向陈春醪祝贺杰作的诞生。陈心中却想，这还不是最好的酒。应该还有更好的。

苦思月余之后，他开始着手研制新酒。老春酒的成功大半在于材料器具的珍贵精良，其中包含了很多偶然。这一回他决心要造一种不爽毫厘的酒。他在竹筒内部刻上很多道细细的标记，用来量取水量。他花半年亲自制作了一种刻漏，用以计时，比大内名工所制的还要精准。每一根木柴的形状都经过挑选，每一簇火苗的颜色都关乎成败。所用不过是寻常的水、米、麦，但配制的比例臻于完美，每个步骤的时间拿捏得妙到巅毫。酒浆流过极长的芦苇秆，滴落进坛中，半个时辰只得六滴。经过他精心设计和无数次演算，九千九百九十九滴之后，不再有酒流出，坛子恰好齐口而满。

这种酒他造了两坛。酒名真一，色如琥珀。其中一坛被进贡给圣上。此时春醪先生的名头早已传进大内，当今圣主饮用了昆仑绛后赞不绝口，派人询问可有新作问世。于是只好将一坛真一酒献上。圣上已年近花甲，满饮一杯后，白发纷纷脱落，顿时青丝满头，红光生颊，恢复了盛年面目。圣上大喜，说朕只能统领壶外的江山，壶中的天地尽归你管。这就是壶中君称号的由来。圣上正待将御用的紫霞杯和九龙玉壶赐与春醪先生，这时一旁传来啼哭之声，众人一看，原来张贵妃贪饮了几杯，竟变成了婴孩。

领了赏赐回到家宅，陈春醪在院中步月良久，心中琢磨，老春酒能抹去烦忧，真一酒能抹去岁月，但总觉得未尽其妙。他呆立了半夜，直到鬓边衣上都沾染了浓霜。第二天就病倒了，在昏迷和呓语中熬过了冬天，春天病愈之后，他来到酒窖，又开始研制新酒。

这次他依然用寻常的材料，只求洁净便可。制曲时不再用模具，他直接用手将曲料揉成饼状，随便地叠在一起。晾多久，晒多久，掺水几升，研磨成多细的颗粒，米如何蒸，投米几次，一次几何，全部随心而为。没有法度，他自己就是法度。过往岁月中的经验凝成了锋锐的直觉，除了直觉他无所凭依，任意直行。他造酒之时，一举手一投足都好看极了，都合乎节拍，行云流水，洋洋洒洒，轻快舒畅，像一种舞蹈，自身生出韵律。他一边投米，一边低声哼唱。封口后，坛中如鸣佩环。等坛子安静下来，他拍开泥封，将酒倒在粗瓷大碗中，泼洒出不少。酒呈乳白色，盈盈如云气，像随时要飘腾而去。对面坐着的李若虚急不可耐，端起碗来一饮而尽。刹那间，一种纯澈的欢乐流遍他体内。过了一会，他若有所失，才发觉已记不起自己的名字。非但他记不起，陈春醪也忘了，所有原先知道他名字的人都忘了。但他并不觉得苦恼，反而有种前所未有的轻松。他念了两句诗："醉后不知名与姓，生前全付酒同诗"，便不顾陈春醪的呼喊（陈也不知道该喊什么名字），欢呼着踊跃而去。

后来他在南方创立了一个没有名字的教派，但也不叫无名教，教义宣称名字是人生烦恼的根源。万物本都没有名字，山便是山，虎便是虎，只有被占据的地方、被驯养的鸟兽方有名字。人便是人，姓名徒增累赘。抹去了名字便如摘除了枷锁。教徒们冥思终日，力图提升自己的修为，好达到忘记名字的境界。教众日多，数年后被官府剿灭。匪首不知去向，原本要通传各州府缉拿，因他没有名字，缉捕文书不知该如何写，遂不了了之。圣上有些不悦，下令陈春醪今后不准再研制这种怪酒。

此后一年，陈春醪足不出户。家人也不知他每日在酒窖中忙些什么，只觉他身上散发出一种奇异的浓香。童子每次进去扫地，见他也只是呆坐。"师父，该吃饭了。""知道，你先去吧。"第二年春天，他突然老了很多，恢复了正常的生活，有时也会上街转悠。人们纷纷传说，他的酒已经酿成，只是秘不示人。一天夜里，一伙好事的世家子弟，翻墙潜入陈宅，到酒窖中偷了一只坛子出来。坛上贴着"大槐"字样，酒浆黑乎乎的，像芝麻做的。众人坐地分饮，酒一沾唇，都跳起来欢呼舞蹈，好像快活之极，然后突然倒下死去，死状极其欢喜。衙门查明此事原委，派人提了陈春醪去公堂，陈春醪说，这坛中原本只是清水。我对着它日夜冥思，设想制酒的种种步骤，放进虚无之曲，投入乌有之米，静候了不可计量的时辰，直到它真正变成了酒。这是极好的酒，只是人的微躯配不上它，因此享用后丢掉了性命。毕竟是死者自己偷了酒来喝，咎由自取，怪不到陈家头上，官府便放他回去，遣散了苦主。

这天夜里，陈春醪叫童子到自己房中来。童子见桌案上摆着五只酒钵，一个空坛。陈春醪说，这些年师父光顾着自己钻研酒道，只让你在一旁做些杂活，没教你什么东西。最近我悟出了一些道理，这就说给你听。有个故人，我忘了名字，说酒是水酿出的诗，诚不我欺。你知道诗有起承转合，酒亦同此理。我这里有昆仑绛、老春、真一、大槐，还有一种没名字的酒。酒分五色，青红白黑黄，暗合五行。现在我要试着将它们调和起来。

陈春醪说，黄为土色，土居五行中央，以土为基底。说着他往坛中倒入金黄色的真一酒。其余四色对应四方，又合春夏秋冬之色，各含起、承、转、合之相。曼妙的开头，宏大的承接，玄妙的转折和虚无的收尾。春属木，色为青。他倒入碧绿的老春酒。夏属火，色红，说着倒入赤红的昆仑绛。秋属金，色白。倒入乳白色的无名酒。冬属水，色玄。倒入黑色大槐酒。五种颜色在坛中彼此追逐、排斥、交融。坛中一会传出战阵杀伐之声，一会如奏仙乐。一会又像在絮絮低语。最后归于寂然。

陈春醪缓缓揭开封口。童子凑过头往里瞧了瞧，说师父，里面什么都没了。陈春醪挥手示意他退开些，将坛口慢慢倾倒。一些透明的物质，与其说流出不如说飘出了坛子。非水非气，注入杯中，近乎空虚。隔着这物质看杯子，形象有些扭曲，像空气的涟漪。陈春醪毫不思索，端起杯一饮而尽。童子紧张地端详他的脸。片刻后，他的皮肤透明了，全身像被剥了皮一样红艳艳的，内脏清晰可见。再过片刻，只剩一副坐着的骷髅；骷髅随即也消失了。童子在一瞬间明白：这酒抹去了他师父的存在。下一瞬间，他忘了他有个师父，看着面前空空的酒具，不明所以。

陈春醪的家人也忘了他，仿佛这人不曾存在。可这家宅和产业总有个主人吧，主人是谁，谁也想不起来。有关他的记忆全都陷入一片苍茫，像山脉在某处被云雾截断。童子离开了这座宅院，开始浪游天下。后来也以酿酒为生，酿酒的门道，上手就会，不用人教，如有宿慧。最后不知所终。

那只盛过五种酒的坛子，辗转多处，后来被大食国一位商人收藏。据说里面有无尽的黑，能看见瑰丽的星云。凡是往坛中看过的人都痴了，从此对世间事不屑一顾。这只坛子最后出现在一次越洋航行的乘客托运物品清单上，在一场风暴中，随那艘船沉入海底。

2017. 10. 21

《红楼梦》弥撒

楔子

万历十四年的春夜，宫中出了件异事。这晚明神宗梦到一只白鹤飞落在景阳宫东北角的槐树下，化作一个跛足老道，绕树行了一圈，盯着地上一处说："有了！"便伏下身去，以手刨土。神宗在暗中瞧见，喝道："什么人！"老道闻声，回头一笑，又化作白鹤，拍翅而去。次晨醒来，神宗觉得此梦有异，命近侍去景阳宫那棵槐树下掘土，掘出一个石盒来，盒中盛着一只玉杯，光彩诡丽，杯中如有烟霭流转，不似人间之物。召来文渊阁大学士申时行询问，申时行说，相传洪武年间帖木儿曾遣使进贡一杯，名曰照世杯，光明洞彻，圣人照之可知世事，旧藏宫中，后来失落，不知是否此物。神宗爱不释手，某夜于月光下把玩，窥见杯中幻景，骤然领悟了造化的真相。其后数十年，他通过孜孜不倦的懒惰，终于动摇了帝国的根基，让大明走上衰败之路。史书直书："明实亡于神宗。"病逝前，神宗在幻觉中看到无数异族骑兵从帝国的缺口蜂拥而入，一名曹姓男子的面孔在人潮中闪现。他知道一生的隐秘使命已经完成，便欣慰地死去。

一

全面胜利后，一处位于桃止山内部的秘密监狱被我军发现。工程几乎掏空了山体的大半，入口却十分隐蔽。这座岩石堡垒用于关押焦大同时期未经审判的特殊犯人。几百个洞窟的门被逐一打开时，将近一半的犯人已经死去。4876 年 11 月，一个秋天的午后，我接到指令，从欢庆和平的游行队伍中抽身离去，驾着飞机一路朝东。降落在桃止山前已是日落时分，桃红色的岩壁被残照染成铁锈色。衰草当风，一派荒凉。接管此地的军官领我进入资料室，将所有文件移交给我。晚饭后翻阅囚犯档案时，一本尤其厚的，以"HXH"为标题的档案引起了我的兴趣。犯人的姓名已被抹去。出生年份那一栏写着 1980 年，如果这不是记录员的失误，那么此人就是地球上现存最长寿的生物了。我想起听过的一则传闻：大约六十年前，有个叫陈玄石的古代植物人在博物馆中突然苏醒。醒来后他写了一部小说，献给当时在任的寰球总统焦大同。焦给予了极高评价，新闻报道，当时民众争相抢购。然而我稍微调查了一下便发现事实并非如此，这本书只印了一版，大部分强行发放给在校学生，并不受欢迎，如今一本也没残留下来。此后再没有关于陈玄石的任何报道。我查到了那册书的出版时间，和无名囚犯档案上的入狱时间只差了半个月。

在一间昏暗潮湿的石室里，我见到了那个年迈的犯人。他的脸庞大半埋没在污秽不堪的须发下，眼睛也几乎瞎了。我希望从他口中得到一些久已湮没的史料。他神情恍惚，过了很久才答话，像刚从遥远的别处飘回身体里。说话还算顺畅，不像长年独处的人，也许是惯于自言自语。他说："我的记性越来越差了。现在只记得两个故事：我的一生和一本小说。前一个乏善可陈，被岁月磨损，已经漫漶不清了；后一个无与伦比，在暗中不停生长，但还未完成……"比起那本不知名的小说，我表示更愿意先听听他的经历。谈话多次因他的身体状况而中断，共进行了七天。以下是根据当时的口述整理成的文字，为保持原貌，并未对其中的谬误、脱漏和时间线的前后错乱进行修正。【好书推荐 vx booker 113】

1

早饭后，一个举止文雅的年轻人来到床前，亲切地问我今天精神如何，方便的话能否接受询问，他们想了解一些我们那个时代的事情。我说好，便随他走出病房，向长廊尽头那扇门走去。长廊银光闪闪，墙上的装饰很有科技感，像太空舱的内部。没有窗户。我一面走，一面想：我能说什么呢？我会唱一些可能已经失传的流行曲，近距离见过一次陈奕迅，会背两百多只口袋妖怪的名字——也许最后一条最有价值，我想，因为我在博物馆的二十一世纪展厅醒来时，发现旁边的展柜里是一只皮卡丘的手办。没准它已经成了麒麟一样的神物了。此外，对于我那时的国际格局如何动荡，金融体系如何运行，我几乎一无所知。或许我能用唐鲁孙的语气谈谈过去的食物。

一进房间，两个发现让我不禁目瞪口呆：一，这房间的装潢分明是审讯室；二，审讯室的样子几千年来竟没变过样。一面大镜子占据了几乎整面墙，我知道背后有人在看我；墙面用的是隔音材料；铁桌上放着一盏强光灯。他们让我坐下。几张脸隐没在白光中。光线刺眼，我侧过头，看见镜中自己清瘦的脸——我原本是个胖子，他们说我是活活睡瘦的——觉得一切宛如虚幻，像在看别人主演的电影。接下来的事让我始料不及，仿佛一场噩梦。一个人冷丁丁地问：你看过《红楼梦》吗？啊？看过。看过几遍？一两遍吧。

一遍还是两遍？

高中时看过一遍。大二时重新看了一些章节。

他们好像很激动。一个人快步出去，门都没关好，我似乎听见外头一阵压低声音的欢呼。带我来的年轻人郑重其事地说：你能否复述一遍？我以为是要我重复刚才的话；他打断了我，我这才明白：他们要我复述《红楼梦》。我表示这不可能，那是一个千头万绪的故事，何况隔了这么久。他们好像早有准备，几个人过来按住我，把一个机器戴在我头上。一道电流贯穿了我的左右太阳穴，像有无数条金色小蛇在脑子里乱窜。这样可以帮助你记忆，他们说。疼痛让我嘶喊起来。他们喝道：集中注意力，想着《红楼梦》！我似乎看到一些楼台亭榭在云烟中浮动，一群男女穿行在花木间，他们调笑，叹息，咒骂，念一些精致的句子，神经质地抽泣，在大雪中消失……我呓语般吐出了一些词：女娲，道士，贾雨村，石头，温柔富贵乡……直到我晕死过去。

电了我几天后，他们终于确定我无法有条理地复述整本小说，连梗概都说得七零八落，就开始逼另一个问题：《红楼梦》的中心思想是什么？我说不知道，有中心思想吗？他们不信，说在你们的时代《红楼梦》是中学生必读书目，关于它的研究也不计其数，一定有人提出过。哪怕是猜想也好。那个年轻人和蔼地说，这样和你说吧。《红楼梦》已经失传了，现在只有一些残片散落在民间。它失传的过程不太寻常，因此有些人把它的地位捧得很高，甚至有些非法团体拿它当《圣经》。上头希望借助你的力量，复原《红楼梦》，当然要在尽量保持作品原貌的同时加以修正，去其糟粕，注入新时代的正能量。这项世纪盛举一定能大幅提高总统的支持率。哪国总统？我问。寰球大总统，年轻人说，现在看来这个难度很大。我们只能根据你提供的一些角色名字和情节碎片来撰写新的《红楼梦》了，现在这事由专家组在做，不用你操心。你接下来的任务是回忆《红楼梦》的中心思想。我大惑不解地问为什么？他犹豫地看向另一人，那人说，告诉他吧。年轻人便说，有一定证据指出，《红楼梦》中可能隐藏着一套理论、一条公式或一句至理名言，有人认为，如果把它运用到治国理政、经济建设和科技发展中去，也许能发挥出战无不胜的奇效。不管是不是真的，上头现在要求我们把它从你嘴里掏出来，所以，请尽量配合一下。说完又按下了电流器的按钮。

金色小蛇的啃噬让我在痛楚中隐约记起中学时看过的半句话。我断断续续念了出来：揭示了腐朽的封建社会必然灭亡的命运……不知道为什么，他们听了勃然大怒，像被踩到了尾巴，说我胡说八道，加大了电流。我再次失去知觉。

2

第一次见到她时，我想，美这东西真是打通古今，千秋不易。秋水、白玉、芙蓉、霜雪这些古老的比喻此刻在她身上似乎仍是温热的。她进来的同时房门在她身后无声地关上。一身铁灰色的军装和她的姿容产生一种不协调的美感，像花枝插在废墟上。她走到我跟前，把手提包放在一边，开始脱衣服。我猜到他们的企图了：《红楼梦》失传了，美人计还没有。千年的沉睡和几天的刑讯后，我的本能似乎已被身体遗忘，这时才仿佛冰河初融。我开始解自己衬衫的纽扣，一边担心要是她让我在事前先说出《红楼梦》的中心思想，那该如何敷衍，却见她的军装下是一身样式怪异的紧身衣，怎么看也不像情趣装扮，倒像潜水服。她白了我一眼，说，眼睛老实点。我是来救你的。我瞪大了双眼。她蹲下身，看着手腕，那里浮现出一个类似表盘的图像，然后打开提包，拿出一支口红，在地上画了个圈。我疑惑地看着，只见红圈瞬间变成了黑圈，且冒出呛鼻的烟雾。她站起来，一跺脚，一整块圆形的地板应声而落。刺耳的警报声不知从哪里响起。门外传来哐哐哐的脚步声。我小心地探头往下看：下面碧波起伏。我这才明白原来这些天我在一艘飞船上，这时正飞过一个湖或者海。她抱住我往下跳。我想，如果这是梦的话，加速下落会让我醒来。然而她发丝拂在我脸上的感觉却如此微弱而清晰。正想着，忽然周身一凉。

3

说家产是我一个人败光的并不公正，其中也有祖父和父亲的功绩（愿他们安息）。2008年那场金融危机提前终结了陈家摇摇欲坠的奢靡。为偿还债务，我不得不出售游艇、飞机，乃至于拍卖家族世代居住的庄园。清点宅中藏品时，穿行在那些自幼熟识的琳琅器物间，真有垂泪对宫娥之感。游目四顾，一只白玉匣引起了我的注意。它搁在黑檀木大座钟和鎏金铜香炉背后的阴影里，那样式是我不曾见过的。拿在手中已觉一阵冰凉，开启时，芳香和寒气一并泻出。里边是一只绿莹莹的小瓶子，鼻烟壶大小，看着倒像风油精。盒中另有一张云纹粉蜡笺，上面几行簪花小楷显是祖父的手笔："购于 1950 年秋，据称得自太行山西麓石室中，成分不明，疑是所谓中山酒。历千百年，恐已变质，不可饮用，仅供赏玩。陈樵翁。"瓶盖看来十分严密，但仍有一缕藤本植物略带苦涩的浓香逸出，令人舌底生津。贪图享乐的纨绔性子和破产后的心灰意冷综合在一起，驱使我拧开了瓶盖。瓶中物已凝成果冻状，一吸之下，便消融在口中。一道凉意贯穿了我。随后我恍恍惚惚地看见青苔在地毯上奔流，松萝从吊灯上垂落，几只麋鹿跳过来，在我脚边吃草。忽然地面软软地下陷，墙壁向我扑来。失去意识前，我最后见到的画面是天花板上繁复而对称的纹饰。

4

月亮出来了。银杏枯叶的香气似有若无，闻起来像陈旧的书纸，令人安适。我在这气味中睡了一会儿。醒来时眼前一片金黄的暗影，其间清辉点点，我迷糊地辨认出那是月光，被上方的银杏树林、林下的落叶筛过两遍之后，疏疏地洒落，细如白露。她的呼吸声就在身旁。我们并肩躺在厚厚的银杏落叶下，不知过了多久，直到她低声说，可以上去了。于是我们从落叶堆里爬出来，拍打掉身上的枯叶，在朦胧的光影里，她领我向林深处走去。

这个叫袭春寒的女人几小时前把我从水里拖出来，我没想到水流这么猛，饶是会游泳，也呛了几口。我们钻进岸边幽深的杂木林中，一直往山上跑去。她说刚才那条叫急流津

的大河下游有十二条支流，她特意选在分叉处跳水，现在他们应该已经分兵沿各条河道

搜索了。我跟着她绕过密林，爬上一处湿雾缭绕的山头，又在岩洞里徒步走了一个钟头，眼前转出好大一片金灿灿的山岭。附近几座山都长满合抱粗的大银杏树，落叶浅处齐膝，深处直没至顶。她似乎对路径很熟，鹿一样灵巧地在林中奔走，我紧跟着她，还是一不小心就陷没下去，手划脚蹬，越陷越深，她只好不时停下，回身把我捞上来。暮光中，忽然从天际传来一阵隐隐的振翅声，她扭身扑向我，我们一齐栽倒，沉没进落叶深处。我刚要挣扎，她在我耳边低声说：别动，别出声。是青鸟。什么鸟？鸟形的无人侦察机。我们一动不动躲到天黑。我想，这样的荒山之夜，和这样一个女子独处，简直是《聊斋》里的情节。这几天经历的事太过荒诞，要是她一会告诉我她是狐狸，我大概也不会有多惊讶。就这么胡思乱想着，直到困意席卷了我。银杏叶子淡淡的香气，和周身微一动弹时发出的松脆声响，让人觉得自己仿佛正睡在一本旧书里，像一张被遗忘的书签，谁也找不着我。所以她叫我起来时，我不太情愿，磨磨蹭蹭。

她在上面喊了两遍，我才伸出手来，她把我拽了上去。

又走了半小时，林子渐行渐密，月光已细若银弦，在林间斜斜插落，四下森冷起来。一只鸟咕咕地叫着，忽远忽近。不时有落叶飘坠，影子穿过月光时，微微一闪。我们像在落叶的河流里涉水而前，脚下簌簌地响。眼见这片银杏林盘踞的山岭绵延无际，我忍不住说，没想到现在生态环境这么好了。她淡淡地说，因为二战后人口少了一半。二战？二战不是早结束了吗？我惊道。第二次星球大战，她说，三十年前结束的。不过我们击退了外星殖民者，重建了一切。到了。她突然停下脚步。

前面是林中一片稍显开阔的空地。我们已经到了树林最深处，四周的银杏树干异常高大，仿佛一直延伸到鎏金的天空里去了。只有月光所及处，还有些叶子闪亮着，此外整座森林黑沉沉的，像金漆剥落的殿宇。她走到一株银杏前，敲了几下树干，凑近树干上一个齐人高的小孔，轻声说："带回来了。没发现追兵。"小洞里传来一个低哑男声，把我吓了一跳："清梦聊聊，宝鼎茶闲烟尚绿。"袭春寒应道："斜风故故，幽窗棋罢指犹凉。"我感到脚下一阵轻微的震动，看那片空地时，只见满地堆积的落叶居然慢慢隆起，像一个沙丘，随后叶子向两边滑落，现出一座明黄琉璃瓦的重檐屋顶来。屋顶缓缓上升，直到一整座寺庙在我们前面赫然升起。银杏叶子不停沿屋顶两侧流泻而下，像落了一阵黄金雨。我抬头看那寺门上的黑漆牌匾，写的却不是某某寺，而是：黄叶村。

寺门开了，一群人影迎了出来。

《红楼梦》的消失，几乎从它刚完成的一刻就开始了。八十回后的部分，作者在世时就已遗失，两个叫脂砚斋和畸笏叟的神秘人曾阅读过手稿。在我们那时代，同时流传着《红楼梦》的多个版本，各版本间存在局部的差异，这一现象被称为紊乱。消失似乎是在纸上、电子文档里和人的记忆中同步发生的，暗中进行了几个世纪。这一阶段称为弥散期。几次战乱加速了这一进程。一战后（第一次星球大战），因文句的大量缺失，《红楼梦》已艰深难懂，当局决定补写《红楼梦》，并借此机会删改其中一些消极的观念和病态的伤感，让它成为一本宣扬盛世精神、催人奋进的经典。当时著名的学者和作家组成了专家团队。后世学者认为，这一举动直接促成了《红楼梦》的大破碎事件。重写计划启动的当晚，许多家中藏有《红楼梦》的人声称，深夜时分，书架上传来了一声瓷器开裂般的脆响。第二天，所有《红楼梦》的文本上，只剩下一堆凌乱的偏旁和笔画，像千军万马的残骸。其后的漫长岁月里，曾出现过几次《红楼梦》的小规模复苏，或称回光返照。大破碎之后五十年，一块翡翠原石被剥开，工匠见到翠绿的面层上有八个浅浅的篆文，像远古时就生长在那里一样："不离不弃，芳龄永继"。也有人认为是红学会暗中做的手脚，好宣扬《红楼梦》的神迹。十多年后的一天早上，动物园里一只熊猫突然拔出口中的竹笋，对面前的游客说道："这个妹妹我曾见过的。"然后继续若无其事地吃笋。尽管许多人认为是幻听，这只熊猫还是接受了详细的检查，结果全无异状，此后也只会嗯嗯地叫。差不多同一时期，一名宇航员在冥王星表面的冰层上行走时，见到一处冰面上有一片不规则的白色裂纹，他拍了照。回来后，将照片上的纹理用笔连接起来，很像一行歪歪扭扭的汉字："早知道都是要去的，我就不该弄了来。"当时尚在世的、生于大破碎前的几位高龄老者，声称似乎见过这些句子，也许来自《红楼梦》，但并不确定。这些语句的出现不可预测，不可捉摸，像从万物的深处冒出来一样。有人相信这是《红楼梦》复兴的前奏，像几丝翠意从森林的灰烬里招摇而出；但事实证明，那不过是宏大乐声消歇后的回响，因为此类事件后来渐渐不再发生。

而那些宛如神谕的话语则被心记、口传、手抄，最后以残片的形式秘密流传于世，曾引起当局的警觉，一度被查抄、焚毁过。不准民间私自讨论、研究、崇拜《红楼梦》的禁红令就是那时颁布的。

6

燕同杯独坐在客厅，拿一只盖碗喝茶，见我来了，便问："怎么起来了？睡不着？"我说："刚刚好像地震了。"奔走了大半天，我早就累得不行，一到寺中客房，才沾枕头就睡着了。不知睡了多久，忽觉床板震颤了一阵，随即平息。醒了便睡不着了，索性四处转转。燕同杯

说："不是地震，基地刚启动时会有些震动，现在正常行驶起来就平稳了。"他说这个寺庙其实是地下航母，能在土地中游走潜行，有时浮出地面伪装成荒山野寺，顺便换气，大部分时间都在地下移动。频繁变换位置是为了安全起见。电我的那伙人一直没有停止

对红学会的追捕。燕同杯是红学会的副会长，这人是张混血脸，但气质是中国式的儒雅，有点陈道明的范。其他人裘春寒也都给我介绍过了。会长叫洪一窟，是个独眼老人。秘书长是李茫茫，一个和蔼的胖子。航母由两个和尚驾驶，大家叫他们木机长和灰副驾，法号是本木和本灰。几个理事多是女的，有：张渺渺（李茫茫之妻）、麝星、檀烟、焚花，可能是化名或代号，我一时还没把名字和人全对上号。他们说这些只是基地的常驻人员，其余会员还有很多，平时都潜伏在外，各自有伪装身份。裘春寒告诉我，红学会在三十二世纪后因受到迫害，转为地下组织。类似于明教或天地会，我想。

燕同杯给我倒了杯茶，我尝了尝，味道和我们那时不大一样，略甜。我们聊了一会，聊到我昏睡的事，我说，好像是喝了一种奇怪的药酒。"中山酒，"他点头道，"据说刚酿成的喝一次能醉上三年，你喝的大概是高浓度的陈酿。"他说这几千年里，我的新陈代谢十分缓慢，类似于冬眠。我先是在某家医疗机构里躺着，他们定期给我注射营养液，对我做研究，希望复原中山酒的配方，但都失败了。几十年后机构破产，我被非法卖给一个收藏家，最后收归国家博物馆所有，陈列在特展厅，享受了国宝级的准古尸待遇。我拍桌说难怪，我说怎么我醒来时嘴里含着块玉，穿着一身金缕玉衣，原来把我当死人了。他说，因为此前你被认定为无苏醒可能，尽管焦大同妄想让《红楼梦》为他所用，怎么也没想到躺在他眼皮底下的二十一世纪睡尸身上去。我说这个名头还挺别致。焦大同是谁？寰球大总统？他点点头说，你的突然苏醒给了他很大希望，听说他把你视为祥瑞。我说起他们想编造新版《红楼梦》的事，把燕同杯气得够呛。

忽然我想起一事，忍不住问他："《红楼梦》到底有什么中心思想？"燕同杯没答，向我身后一笑，只听后边一个沙哑的声音说：

"《红楼梦》没有中心思想，因为它就是一切的中心；也无法从中提取出意义，因为它本身就是宇宙的意义。"一个人拄着手杖从阴影里走出来，白发独眼，是洪一窟。

7

在我们的时代，人们普遍认同宇宙是漫无目的的时间和空间的总和，并对此安之若素；红学会的人不这么认为。亚里士多德相信宇宙的运行中存在一个"隐德来希"，是一切事物追求的终极目的，也是最原始的动力；拉普拉斯认为宇宙大爆炸时产生了第一批时间变量，第一批变量决定了第二批，第二批决定了第三批……因此宇宙间的一切在大爆炸的一刹那就已经确定了。红学会将二者的理论与对《红楼梦》的崇拜融合起来，形成了他们的教义：他们相信宇宙的意义就是《红楼梦》。教义宣称，冥冥中有一条引线，由所有人的命运共同编织而成，它从天地开辟前的混沌中发端，隐秘地盘绕在万事万物之间，千秋万载地延伸。

创世之初它就被点燃，火星不断向前推进，穿过历朝历代，一直烧到

《红楼梦》完成的那一刻（他们称之为红点），然后，轰隆，宇宙达到最辉煌灿烂的顶点。此后就是漫长的下坡、缓慢的衰亡：《红楼梦》一完成便开始流逝，到它彻底消失时，宇宙亦将随之泯灭。

红学会认为，在红点之前，所有事件都是为《红楼梦》所作的准备；红点之后，一切现象都是《红楼梦》的余波。也就是说，赤壁之战里，每一簇火焰都为《红楼梦》而燃；成吉思汗身后的每一柄弯刀都为《红楼梦》而高举；宋朝某个春天的黄昏，有女子无端下泪，她哭的是《红楼梦》；从没有人死于战争、饥荒、洪水或心灰意冷，所有人都死于《红楼梦》。在《红楼梦》产生前，战争可以分类为奴隶主阶级对封建阶级、封建阶级对资产阶级、人多对人少、北方对南方、张三对李四，但其实只有一种战争：有利于《红楼梦》产生的势力对不利于《红楼梦》产生的势力。概无例外，前者总是胜利，一连串的胜利通往了

《红楼梦》。同样的，红点之后的所有事件都是《红楼梦》的延伸和应验：五四运动、摇滚乐兴起、互联网诞生、一战乃至于一万战、银河系统一、宇宙坍塌、此刻微不足道的一场对话、茶杯中的涟漪，都是由

《红楼梦》中的某一行文字所引发，或者是某一段情节的重现。红学会中的玄想派认为，《红楼梦》是一种气一样的物质，它游荡在世间，汇聚成文字，然后又逐渐分解，融入万物……

《红楼梦》的结构是空、色、空。大荒山无稽崖是空，"白茫茫大地真干净"也是空，大观园内的种种则是色相的集合。毫无疑问，宇宙是以《红楼梦》为模型而建造的，有着同样对称的格局：宇宙的起点和终点都是一无所有；中间则是《红楼梦》，一切色相的顶峰。对称的结构意味着《红楼梦》的消失是必然的。"白茫茫大地"不仅预言了繁华的散尽，也暗喻文字的消失。《红楼梦》从一切的内部奔涌而来，也终将弥散入万物。因为盛宴必散，他说。

　　　　我盯着洪一窟仅有的那只眼睛，颤抖着端起茶杯，啜了一口。

8

他们珍重地向我展示了《红楼梦》的残片。其中多半是手抄的零散语句，最多的一张上有几段对话和一首律诗。还有一张是《红楼梦》的书末页，油印着出版信息和定价，还沾着几点暗褐色的血迹。我双手递还给他们。将残片收藏妥当后，他们对视一眼，由洪一窟开口，向我提出了那个请求。语气是小心翼翼的，声调却透着一股豪情：请我复原

《红楼梦》。这我早该想到，他们营救我出来，又费了一番口舌，不可能只是想发展一个会员。

我一摊手，说没办法，我记不得了。他们却说有法子，有样东西能帮我记起来。"放心，我们不会电你的。"见我神色紧张，洪一窟一笑说。

燕同杯告诉我，他们收到消息，这件宝贝在一个收藏家手中，在袭春寒营救我的同时，已经派人携重金去买了。这会早该回来了。怕的是风声走漏，焦大同的鹰犬也盯上了那宝贝。刚才洪一窟忘情地向我宣讲红学教义时，我就注意到燕同杯眉头微蹙，多次望向墙上的通话器。难怪他深夜不睡，原来在等人。

我寻思了一会，问洪一窟，你们刚才说，《红楼梦》是必然要消失的。按你们那个宇宙对称的说法，在《红楼梦》产生前，任何不利于

《红楼梦》产生的行为都会失败；那么在《红楼梦》开始消失之后，任何不利于《红楼梦》消失的行为也都会失败吧？那我们还复原它干吗？洪一窟放下茶杯，说：你很聪明。关于《红楼梦》，人类的使命包括了等待、扼杀、阅读、漠视、领会、误解、崇拜、毁禁《红楼梦》，直到它彻底消失。违背命运的行为本身也包含在命运当中。我们只想阅读它，哪怕只复原一行，读一行有一行的喜悦。他又说，《红楼梦》虽是宇宙的意义，但它本身是个无用之物，红学会从未想过从中谋取什么力量、什么定律，哪怕可以借此推翻焦大同——政权在宇宙面前不值一提。他们只想品尝这本传说中最精微、磅礴、繁复、寥廓、热闹、苍凉、无限的书。

说实话，对于红学会这一套玄玄的说法，我说不上来信还是不信，但并不讨厌。我很外行（无论科学上还是哲学上）地想，每个人总会有某个瞬间，觉得此生就是为此刻而设的；推之于宇宙，或造物主，大概也该有这么个瞬间，否则岂非太不公平。说宇宙的意义是《红楼梦》也好，《B 小调弥撒》也好，或是《快雪时晴帖》、《灌篮高手》、共产主义、冰镇可乐、某个人的微笑或一个亲吻，对我来说没什么不同。也许冰镇可乐是另一个平行宇宙的意义，反正我们这个，姑且就同意它的意义是《红楼梦》吧，我想。于是我决定试着帮他们。又喝了一会茶，天大概亮了，红学会的其他成员都聚到客厅里来。袭春寒换了一身翠绿衣裳，俏生生的，站在燕同杯身后。我正想同她说句话，墙上安的通话器响了起来：笃、笃、笃，几长几短。众人都作屏息凝神状。李茫茫念了切口，一个虚弱的女声应了。木机长忙操纵基地升上地面，大伙拥向门口。这是我第一次见到吴卍儿。带有阿拉伯特征的脸庞异常苍白，衣裙多处被树枝划破了。她从腰间掏出一个小盒子，递给洪一窟后，全身就像被抽空了力气，瘫坐在地上。

燕同杯问，怎么就你一个人？茗云呢？她捂住了脸，双肩颤抖起来。

9

胃里烧灼了两个钟头。我睁开眼时，一切都明朗了。

记事珠，曾为唐朝宰相张说所有，据说但凡事有遗忘，将此珠在手中把玩片刻，就能豁然想起。洪一窟把它递给我，说你在手里揉一揉，就明白了。我接过来，是核桃大小，蓝紫

色的一枚珠子。揉了一会，的确脑子清明了不少，我让思路拐进中学时代，飘飘忽忽地想起了高中课桌上的木纹、用过的一枚橡皮的香味、暗恋的女生耳后的痣，直到《红楼梦》的水红色封皮在眼前摇漾，我看见书页上的字，只有几行字是清晰的，其余的像没对好焦一样模糊……燕同杯说光拿在手中，恐怕发挥不了最大效力。那个叫张渺渺的少妇拿出了一张方子。

　　　　　　大殿上佛像、香案、蒲团都齐备，大概是为了伪装寺庙时准备的。
大伙围坐在一起，我拿眼睛找吴卍儿，却没有瞧见，可能还在房中休息。她和那个叫茗云的小伙子（她的未婚夫）买到珠子后，回程途中被教化司的子规军追上了。茗云为掩护她逃走，被当场击毙，她负了轻伤。上午，在燕同杯的指导下，张渺渺将记事珠捣成粉末，和一些奇怪的药物混合起来，揉成橙子大小，放进一个金属大圆球里，按下开关，已经过了大半天。现在准备开启了。我问袭春寒，这是在干吗，烘焙？她笑着说，你可以理解成一种高科技的炼丹。的确，除了上面一堆闪光的仪表，那个大圆球的造型挺像炼丹炉的。袭春寒说，这个方子叫"莫失莫忘丹"，能大幅提升记忆力，是红学会的前辈传下来的。正说着，只见一阵带着药香的烟雾腾起，张渺渺在烟雾里鼓捣了一会，捧着一颗鱼丸大小的药丸，笑盈盈地回过身来。

　　在众人劝说下，我很勉强地吃了下去。是辣的。

效力初显时已是黄昏了。胃中的火渐渐熄灭后，只觉头脑分外净爽，像里里外外用雪淘洗了一遍。我试着回想过往人生中的一些细节，无不朗然在目。我暗自端详了一遍前半生的来龙去脉，像看自己的掌纹一样条缕明晰。我看见在事件与事件之间隐隐闪烁的因果链，如同一条蜿蜒的金线。我明白了家产是如何败光的：一些蛛丝马迹的闪现让我确定是父亲生前的合作伙伴暗中捣鬼。我想起一些已逝的胴体和飘散的约定；每个朋友的电话号码；父母在我婴孩时的对话；童年时在庄园西侧椴树下埋的宝藏（铁盒里装着口袋妖怪的卡牌）；某天清晨在飞驰的列车中凝望过的青山的轮廓，站台上一个女子的衣着……忽然边上一个声音提醒我，药力刚生效时最强，不要胡思乱想，注意力集中到《红楼梦》上来。我照做了。很简单，像在智能手机上切换图标。闭上眼收敛心神，没多时，那本水红色的书便沉甸甸地摆在我面前。我伸出无形的手，揭开了封面。

起初，《红楼梦》是以图像的形式显现的。无论是曾经留神注视过的段落，还是目光漫不经心扫过的页面，都平展在眼前，连书页的折角、划线、污渍，无不纤毫毕现。我忙让人拿纸笔来。用打字输入反而不够直观，我只需把脑子里的图形原样画出来就行，与其说是写作，不如说更像写生。偶有不认识的字，照抄就是。我甚至能从一页正中一行写起，一会让字向上蔓延，一会往下竖着排布。一切从这一句开始："第一回　甄士隐梦幻识通灵　贾雨村风尘怀闺秀……"

每写完一页，我一扬手，他们立刻上前接了，拿去复印，人手一份，坐在各自的蒲团上参详起来，不时小声赞叹，口中发出咝咝的吸气声。我背对众人坐在佛像前，在香案上奋笔疾书。连着几天，我从清晨写到天黑，入夜后，他们让我好好休息，怕太劳累影响药效。我却偶然发现，深夜时，那些琐窗全都透着亮，我凑近其中一扇，后面传来喃喃的念诵声。原来他们都在彻夜地研读、背诵我白天里写出的章节。我不禁感到一阵羞愧，他们视若珍宝的文字，我不过是机械地输出，从未能真正地进入；同时渴望像他们一样迷醉地领略这场奇迹。第二天，我开始用笔来阅读，审视每处当年一瞥而过的细节，不禁放慢了书写速度。没多久，我就入迷了。我终于沦陷在《红楼梦》的幻境里，在我初次阅读它的几千年以后。

几周后，我发现寺中人越来越多，每天在大殿上抄写时，身后密匝匝地坐满了人，蒲团都不够用了。夜里许多人在偏殿、游廊、客厅里打地铺，见到我都异常恭敬。袭春寒说，是各地的会员收到消息，聚集而来，想一睹《红楼梦》的原貌。那段日子是轻快甜美的。每天的抄写工作结束后，寺中充满了虔诚而陶醉的气氛，人人手捧一份复印件，欢喜踊跃，仿佛释迦当日传经说法的景象。我放下笔，甩着手腕闲坐时，听着四处一声声低语："这就是金针暗度法？还是武夷九曲法？""如此怪话真不知从哪里想来，好像天地间自然生出的一样。""原来前面一句闲话，在这里接上了，真是草蛇灰线，伏脉千里！"我享受着一种前所未有的成就感，几乎以为《红楼梦》是自己写的一般。大殿里黄幔低垂，灯烛荧煌，不知谁点了香。我感到平和喜乐极了。我想到千载前有个人在油灯旁搁下笔，甩着手腕，凝视着纸上徐徐升起的玲珑台榭、纷纭人物，是如何的顾盼自雄。有一瞬间，我觉得上方双目微合的佛像在注视着我。有一瞬间，我觉得那道目光来自曹雪芹。

11

他们是在第五十回时来的。

大观园众人围着赏过了宝玉从栊翠庵折来的红梅，开始品评诗作。我刚写满的一页纸，大伙已看完了，大殿上的眼睛尽数巴巴地望着我。

这时一阵闷响、动荡和碎裂声自上方传来。

我刹那间想，难道因为我们复原《红楼梦》，破坏了宇宙的对称性，因此招致了末日？屋瓦、泥土纷纷砸落，一群禽类的影子扑将下来。是青鸟。它们从高空直冲而下，击穿了土层和屋顶，每一只的钢爪擒住一人的肩头，一时之间，红学会成员尽数被捕。一只青鸟站在我肩上，张开铁嘴对着我。即便来自二十一世纪我也看明白了，那是枪口。袭春寒告诉过我，全球的天空上逡巡着万千青鸟，它们监控一切，也是极具杀伤力的武器；在城市上空还作为移动广播，时刻宣传焦大同的丰功伟绩。一只特大号的青鸟平展钢翼，以千钧之势降落在大殿中央，教化司主管、子规军统帅，那个叫薛蟠的英武男子从鸟背上跳下来，拍拍铁灰色军装上的尘土。其余士兵从屋顶的大洞纷纷下来，顷刻间站满了一殿。

我还在错愕之际，一个女人崩溃地大哭起来，是吴卍儿。茗云，她朝队伍中一名士兵凄厉地喊着。从哭喊声中我们明白了一切：茗云没死，他被子规军逮捕了。薛螭一定是以他胁迫吴卍儿当内应，让她带着记事珠回来，然后等红学会齐聚，再一网打尽。想必在她身上装了定位器之类。红学会的人都低头沉默，没有一人出声责骂吴卍儿。身着军装的茗云对吴卍儿的呼喊置若罔闻，神情木然。燕同杯盯着他看了一会，转头喝问薛螭："你们对他做了什么？"薛螭笑着说："非圣书。"茗云立马应道："屏勿视。"薛螭又说："圣与贤。"茗云道："可驯致。"薛螭说："我答应她不杀她的男

人，说到做到，还让他入了子规军。不过他中毒太深，我们帮他清洗了一遍。"又指着我说："他带走，其他人就地处决。"话一出口，李茫茫肩上的青鸟嘴中便射出一道光焰，他登时化作一堆灰烬，委落在地。红学会众人都闭上眼，开始嗡嗡背诵。我领会了他们的意图：在背诵最喜欢的章节时死去，一切就永远停止在那里。有背大观园题对额的，有背"花解语，玉生香"一回的，有背海棠社吟诗的。燕同杯朗声念

道："'一生事业纵然尽付东流，亦无足叹惜，冥冥之中若不怡然自得，亦可谓糊涂鬼祟也。'"嘭，嘭，嘭。光焰四下乱冒，残灰洒了一地。

洪一窟突然问我："众人品评过诗作，想必是薛宝琴的最好了？"我说："是。""然后众人如何夸奖？"我说："黛玉、湘云二人斟了一小杯酒，齐贺宝琴。"他问："宝琴怎样应？"我说："没写。写的是宝钗笑

道：'三首各有各好。你们两个天天捉弄厌了我，如今捉弄他来了。'"洪一窟点头说："是，我正想该怎么应，这样写才妙。口吻逼真，好。"话音未落，光焰一闪，洪一窟已化为乌有。

殿中轰响声不绝，肩头又疼得厉害，被钢爪刺出血来。刚才和洪一窟对答时，我听见袭春寒在不远处轻声念诵，念的什么听不真切，语调中有种古老的安宁。我忍痛扭头向她看去时，翠绿的身影已经不见了。念诵声似乎还在空气中微微颤动。不知为什么，这声音后来多次在这间石牢中响起，随之而至的，是银杏叶子隐约的香气。

踏过满殿馀灰，薛螭向我大步走来，在他身后浮现出千万铁灰色的部队、布满天空的青鸟、焦大同的狞笑，还有一整个正在缓缓崩塌的宇宙。子规军正将查抄出《红楼梦》残片悉数烧毁。薛螭走到我跟前一挥手，我肩上的青鸟便飞落到他手臂上。他拨弄着鸟身，笑着说："新版

《红楼梦》已经写好了，是你主持修复的，现在有一堆宣传活动等你出席呢。"说着呼哨一声，那青鸟便纵过来，张口在我面前喷出一阵青灰色气体。我眼前一花，便失去了知觉。

新书发布后，不知为何，焦大同没有继续逼问我《红楼梦》的中心思想，大概他想书里如果真有什么神奇的力量，红学会也不至于这么轻易被一网打尽，因此失去了兴趣。新版《红楼梦》似乎没有达到他预期的效果，几个月后他们不再提审我，很快就把我遗忘在石牢中。只有一个聋哑老狱警每天给我送水和食物。很久以后，他大概是死了，一个聋哑的中年狱警接替了他。

被捕后，我被注射了一种迷幻剂，他们让我背诵一段台词，大意是宣称这本《红楼梦》和我当年看过的完全一致，在焦大同的关怀下，复原计划圆满成功云云。我昏昏沉沉地照做了，只记得一片面目模糊的人头攒动、掌声震荡、红色横幅高挂，其他什么都想不起来。一切结束后，我被丢进了这座牢里。呕吐、晕眩、在地上趴了几天后，我的意识才渐渐清醒，想起大殿上飞动的灰烬和滚滚浓烟，不禁满心悲痛，放声哭了几场。我试着接下去回忆《红楼梦》的内容，幸好还在，我凝视着脑中清晰、稳固、漆黑的历历字迹，忍不住又流下泪来。他们的叮嘱是对的，莫失莫忘丹的药力生效期间，我每天都想着《红楼梦》，现在药效渐退，其余的记忆已不再触手可及，只有《红楼梦》还好好地存着。

此后的日日夜夜，我都活在《红楼梦》里。我衰弱的身躯被搁在阴湿的石头监狱里，咽着浑浊的水，啃着不知什么材料做的食物，裹着一条仿佛中世纪传下来的麻布睡觉，但另一个我像一缕烟游荡在大观园里，我飘飘忽忽，在那些水榭花坞、朱阁绮户、锦衣环佩间穿行，我难以形容这段生涯是如何的华美。将全书默诵了几遍后，我发明了一个玩法，用以消磨岁月：我附体在某个角色身上，随他在情节中流转，他的一生就是我的一世。我不记得已活了多少遍。但这游戏总是在八十回后发生卡顿，其后的情节，我像在水底行走，周身黏滞，文字的质地不对。我觉察到明显的裂缝，这才想起只有前八十回才是原著的常识。犹豫再三，我删除了八十回后的记忆，决定在纯澈的《红楼梦》里，抱残守缺地沉湎下去。

怪异的事情发生在大约十年前。我几乎已经活遍了书中的每个人物，迅速地苍老起来。那天我附在一只蝴蝶上，忽高忽低地在蘅芜苑的藤萝间翻飞，毫无征兆地，我撞见了曹雪芹的鬼魂。那是一点微光，在柳荫下低低地沉浮。我一眼就知道那是曹雪芹，无需理由，不必询问，就像在夜空里辨认出太阳。我挥动薄翅，追随着他在大观园里游走，他有时隐藏在一瓣落花下，有时绕进假山的孔窍，有时点过冰凉的水面，或者飞落在某个人物的肩头，像从容地谛视着自己手造的一切。我紧跟着他，一边毫无根据地想，灵魂如果意味着某种残念，那么曹雪芹死后，他的灵魂没理由不附着在所有《红楼梦》之中；《红楼梦》的存在越多，他的灵魂平均在每一份上的量就越稀薄。而此刻外头的《红楼梦》大概都已泯灭殆尽，储存在我身体中的这八十回也许就是宇宙间的全部了，因此曹雪芹的整个灵魂就具象地栖身在我体内。就像世间不再有湖面，我这一小片积水就收容了月亮。幽暗中，我追随着他的灵魂，那一点微光，悠悠荡荡，一直飞到八十回的尽头。奇迹在这时发生。

我看见在八十回的边界处中断的每一条命运，都像藤蔓一样自行生长起来，相互追逐，缠绕，分解，又缠绕，滚滚向前。盛大的文字从那一点微光中汩汩流出，我拼命记忆着，发现无需记忆，我在过往情节中的无数次轮回，让我对每一条支线、每一处接口都熟稔无比，而对文字风格的长久浸淫让我觉得那些言语仿佛出自我的口吻……微光越来越大，直到照彻一切；语句的飘扬像一种圣洁的吟唱，从洪荒时代便已奏响，日日夜夜从未停歇……

这十年的光阴是纯粹的欢喜。推进没有想象中来得迅疾，但我更加满足，因为过程本身是莫大的享受。一年前，我抵达了第一百回。上个月，我体内已经有一百零五回的《红楼梦》了。我知道，《红楼梦》不可能完整地重现（一个宇宙只能有一个红点），哪怕是重现在我脑中，因为我的脑海也是宇宙的一个角落。我隐隐感到自己的生命行将结束，而且必然结束在《红楼梦》结束之前。我担心的是因我的死亡，《红楼梦》会彻底消失，宇宙也随之瓦解。你的到来像是冥冥中的安排。我知道你的记录里已经包含了某些《红楼梦》的语句，希望你好好保存；即便它也遗失了，只要你还记得"红楼梦"这个词语，宇宙就不会毁灭，因为标题也是小说的一部分。

和你说完这一切之后，我就要将我一生的记忆全部删除了。《红楼梦》将充满我的整个意识，从而更快地向前推进；我知道我注定看不到《红楼梦》的全貌，但像某个人说过的一样，多看一行有一行的喜悦。他告诉我，盛宴必散，《红楼梦》从一切的内部奔涌而来，也终将弥散入万物。那么，死亡不过意味着成为《红楼梦》的一部分罢了。

二

陈玄石向我说完这一切后，不久便陷入了昏迷。我们叫来了医生。经过几天的呓语和狂笑后，他在公元 4876 年 11 月 27 日黎明时死去。我不知道在他死前，他脑中的情节生长到了哪一回哪一句。离开桃止山监狱时，我特地望了望晨空，月亮仍完好无损地悬在那里，没有要崩坏的迹象。如他所说，《红楼梦》没有彻底消失，宇宙也安然无恙。但我不敢将此完全归功于我这份记录，以夸大其重要性。陈玄石没料到的是，他死后，随之而去的《红楼梦》仍以其他形式在世间飘荡，时散时聚，无往而不在。证据是其后五年间，分别在马里亚纳海沟底部、一只蝴蝶翅膀的斑纹里和一片朝霞上发现了几行神秘的语句。学者们说法纷纭，但我知道它们来自哪里。

后记

故事的源头是春节期间的一个梦。梦中有人不停审问我《红楼梦》的梗概和中心思想。醒来后，重读《红楼梦》的期间，几次散步和呆坐之后，情节逐渐完满起来。对亚里士多德目的论和拉普拉斯信条的粗浅理解帮我完善了故事的内核。我并非宿命论的信徒，只是偏爱宿命论的审美价值（一种冷艳），和它的不可证伪性（一切质疑它的行为也包含在命运中）。博尔赫斯对对称的迷恋启发我设想了一个玄学上的而非科学上的宇宙模型。故事中起到关键作用的两样道具：中山酒和记事珠，本可用人体冷冻技术和提高记忆力的药物来替代，但我无意写一个科幻故事，因此借用了故纸堆中的法宝——其实也算是古人的科幻。另一个道具照世杯同样如此，持杯者于一瞬间洞悉过去现在未来种种事，因此万历帝实际上是一个东方的"拉普拉斯妖"。题目中的弥撒是天主教最崇高的仪式，也是宗教音乐体裁。我想把这篇小说当成向《红楼梦》的一次献礼，或一曲颂歌，因此拟了这个标题；动笔之初，出于对巴赫的喜爱，我希望写出像《B小调弥撒》中某些段落展现出的飘忽、幽暗的梦幻气质，不知是否做到了。后来知道弥撒（missa）一词原意是"解散，离开"，和《红楼梦》的消逝刚巧吻合。小说的主体分为十二小节，十二是《红楼梦》中最基础的数字（十二钗、十二簪、女娲所炼石的高度十二丈、周汝昌认为曹雪芹原著一百零八回是以九回为一个单元，共十二个单元）。主角的名字来自中山酒故事的主人公，玄石和《红楼梦》主线索顽石也是个奇怪的巧合。

2018.3.6——3.8，停两天，3.11完成

李茵的湖

那天午后阴沉沉的，下了点雨又停了。我和李茵在耽园里闲走。

耽园其实没什么看头。亭榭空无一人，回廊幽暗，石板潮润润的。柳树的枯枝森然不动。假山边有一套健身器材，一个老太太在太空漫步机上凌虚而走，没一点声息。檐上窝着一团猫，见人来只懒懒地一瞥，神情厌世。再看它时已倏然不见。我们在亭子下站了一会。几个歪歪扭扭的名字在淡红的亭柱上海枯石烂，日期都是上世纪的。鸟声疏落，菊花已经开过了。

耽园是清代本地一家大户的花园，民国时败落了，八十年代被改建成小公园。古建筑都被精心地修复成仿古建筑，只有园子的名字和一些古木留存下来。明清以来似乎挺流行用单个字的动词来命名园子，随园，留园，过园，寄园什么的。耽园的耽是耽搁的耽，或耽溺的耽，透出一种自得的颓废。园中景物确实弥漫着这样的气味。如今这里像是八九十年代的一块残片，一个被时光赦免的角落。万物在围墙外滔滔而逝。因为位置偏，设施旧，气氛有点阴森，如今来玩的人已经不多了。前天李茵说起她从没去过耽园，我有些意外。随即想起我们小时候多是由家长带着来玩的，而她父母很早就离婚了（她随母亲，她母亲常年在外务工，整个中学时代她都寄住在表舅家里）。我便约了她今天来耽园里逛逛。

那年她刚辞了职，准备考研，在家复习。我在县一中教地理，已有两年。我们本来认识，但没说过话。她人很孤僻，我也好不了多少，几乎没有共同朋友。县城很小，常在街上遇见，我就约她吃了几次饭；不太好约，但也渐渐熟了。当时我正打算开始追她，不过还有一点犹豫（后来我们处了三年，分手后断了联系）。一只蟋蟀叫起来，声音凄楚。我们离开亭子，向耽园深处走去。

据说耽园底下有一条防空洞，一直通到县一中图书馆的地下室。有人说入口在某个亭子的石桌下，也有说藏在草丛中井盖下的。初中时为了找那个入口，我常来园中溜达，意外发现了耽园里一个神秘的空间，没对任何人说过。那天我兴致勃勃地领着李茵去看。她表现

得挺感兴趣，也可能是出于礼貌。在两条园路的岔口，石砌的花坛后有几面错落的景墙，一丛竹子。竹叶映得白墙幽幽的绿。我带她跨上花坛，踩草坪绕到竹丛后边。两面景墙呈八字，其间有一道空隙，恰可过人。我们走进去，草很深，几乎及膝，但草底下有石汀步。这里原来是铺了一条小径的，可能后来做绿化的和当年的景观设计没有衔接好，在入口前砌了一条花坛，又在墙间种了几根竹子，渐生渐密，把入口遮蔽了。也可能是故意的。从两边园路往中间望，隔着景墙，以为中间只是一条狭长的绿化带，其实藏了一个水滴形的空地，初极狭，当中却很空旷。水滴形圆润的一面，是一排绿篱和森森柏树，浓密而高，围成弧形的城墙，隔开视线和脚步。空地正中有个砌筑得很精致的树池，像座孤岛，浮在深草中。树池里种了一株槭树，这时红叶飘坠一地。我已数年没来这里，槭树高了不少，树皮显出苍老。发现这个园中之园后，有一阵子我常来玩，把这里视为秘密基地，给它起了好几个名字。记得最后一个叫匿园，藏匿的意思。但毕竟是片荒地，没什么玩的，渐渐就少来了。我在草丛里找到过一块石头，比猫大不了多少，上面刻着"寸天"两字，涂成湖蓝色，已经很淡。当时我不明白意思，稍大就懂了，是说周围的墙和树很高，其间只能望见一块不大的天空。人坐在这里，如同坐在井底一般。耽园里还有一洼小小水池，卵石围成，在亭子边极不显眼，后来我在池边又发现一块石头，背阴处刻着两字"尺水"，也涂了蓝。这才知道是两处相对应的小景致，应该在清代或民国就有了，不惹人注目，重建后意外地保留下来（石头可能是重刻的）。这时那块"寸天"的石头已被荒草落叶深深掩埋，我绕树走了一圈，没有找到。李茵捡了一枚槭树的种子，捏着那对小小翅膀，扔在空中，看它旋转着下坠。匿园里安静极了。柏树是墨绿色的墙，枝叶间有风，蔼蔼地摇漾。上方的一块天是柔和的灰色，阴云平稳地挪移。远处的鸟声很轻，叫得也缓慢，像在现实中叫，而我在梦中听见。我们在树池边坐下，低声说着话。当时如果有人从外边园路走过，听见人声，会以为是对面另一条路上的行人。这里极其隐蔽，谁也发现不了。

当时说了什么，如今全忘了。记得我在东拉西扯，侃了半天，才发觉她没在听，正低头盯着身下的树池发呆。我有点失落，问她怎么了。她没言语，手指摸着树池的边沿，忽然说，这树池真奇怪。上面怎么镶着玻璃渣？我看了一下，说，唔，这是水刷石啊。

大二时我处过一个土木系的女朋友，陪她上过一门选修课，装饰装修工程，因为用的教材很过时，课上有讲到这门过时的工艺。当时我就想起这树池，听得很有兴味。此后凡是见到有这种工艺的老房子，都会留神看看。所谓水刷石，是在水泥砂浆中拌入砂石，等水泥半凝固时，刷去表面的一层水泥浆，用水流冲洗，这样砂石颗粒就半露出来，呈现一种微妙的粗糙感，又不致脱落。通常是用葵花籽大小的白色方解石碎屑。更讲究的做法，是掺入打成石榴子大小的玻璃碎屑（只微露出表面，不会扎人），碧绿的颗粒，镶在洁白的碎石粒间，有一种很朴素的晶莹。但工艺较麻烦，比纯用碎石粒的少见得多。这种风格只流行于八九十年代，可以说是那个时代的肌理。但不够新潮，随后被洋气的瓷砖和干挂石全面取代了。又不够古老，没有受保护的资格，如今有这种工艺的建筑也拆得所剩无几。这座树池外沿的面层，就是掺了绿色玻璃屑的那种水刷石，做得很精致，灰白间点缀着细碎绿点，很好看，旧了也很有味道。

李茵蹲在树池前，很认真地听我介绍完水刷石，一边慢慢摸着那面层，又开始出神。我不说话了，偷瞄她的侧脸。她脸上神情迷离。睫毛很浓，低垂时像一层阴影，使她看起来常有一点媚态，但她平时为人是很淡漠的。当时我过分地年轻，倾向于把她的淡漠理解为一种古典气质，一种恬静和疏冷（后来知道在大多数情形下，那淡漠就只是淡漠）。那天她却意外地显露了敏感的一面，和我想象中的形象不太吻合。但这一点不吻合又增添了她的神秘感，在一段时间里，很令我倾心。

她说，有一种很奇怪的感觉。好像来过这里，见过这树池，但又不全是这样。她不太会形容，断断续续地说，觉得人特别宁静，暖和，像是有点感动，又非常"心啾"——"心啾"是我们本地话，形容那种无端的愁绪，类似于思乡怀人、怅然若失之类。日常琐碎的烦恼，则由另外的词负责。也可以写作心纠或心揪，但力度太大了，我同意译成啾，像有一只鸟在心里啾啾地叫，低声又执拗。我也说不清为什么，真的好奇怪，她说。我注意到她声调变了，眼角也有点湿，就站起来，说，要不你在这等我一会，我去趟洗手间，过会再回来。她低了头，点了点，我就从原路出去了。

在柏树下的小径走了一会，我想起苏轼有一回去一座从未去过的寺庙，他说一切好像似曾相识，并说出了还没踏上的石阶共有几级。不过当时他心中是何感受，是否想哭，没有记载。我想每个人都有些难以言说的神秘体验，那就不必言说，存放在语言之外的空间就好，也无需被理解。一株柏树，姿态飘逸，枝叶远看如一蓬青烟；另一株像扭曲的、凝固的火舌。木芙蓉开得好，嫣然娴静，我停下来看了一会。走到假山边，老太太已经不见了，我在太空漫步机上走了一会。说是去洗手间，洗手间在园子另一头，来回要半天，我也不能太快回去。耽园里静得就像个古寺，连钟磬声也没有。空气凉凉的，风吹着枯枝，枯枝映在天上如同裂纹，天色暗下来。差不多该回去了。不知为什么，这时我忽然想到自己的年纪。暗自回味了一下那个数字，用眼睛把它一笔一划描在云天上。二十三。我又在边上写了自己的名字。还没写完，就下起雨来，慢而笃定，一滴是一滴。很快就下大了。我回到那景墙边时，李茵正好走出来。我见她眼睛红红的，也不好问，就装作没瞧见，和她到廊下躲雨。雨一时停不了，我们不说话，沿着长廊慢慢走到尽头，有一家小卖部，一个老人倚门而坐，门里黑得像个山洞。我买了两盒菊花茶，擦擦上面的灰，两个人静静地喝着，看着雨中的耽园。雨落在石板上有极动人的清响。那天我们很晚才回去。

过了几天，她竟然主动约我，说想再去耽园走走。我有点受宠若惊。我们径直到了匮园里，又坐在那树池边。一番秋雨后，枝头红叶湿漉漉的，稀疏了不少。她试图解释上次的失态，说以前从来不会这样的。那今天呢？我问。还是有那种感觉，她说。闲聊了几句，她又开始自顾自出神。我捡起一片叶子，在手里把玩，一声不响陪她坐着。这样的经历不知不觉有了好多次。有时她会约我，有时她自己去，带一本书，考研的材料或小说，在树下独坐到天黑。约我去的时候，我就只陪她闲坐，不出声地玩玩手机，想想心事，偷瞄她一眼。她时常放下书，什么都不做，眯着眼，睫毛微抖，好半天一动不动，像在进行光合作用。有一回我不知怎么了，脑中一阵空白，趁她发呆，大着胆子握了她的手。她半天才回过神来，脸红了，但没有说什么。手冰凉得如同瓷器。我似乎从她的神情里获得了某种许可，便俯过身去吻她。她颤抖了一下，生硬地接受了。在一起后，我们依然常到匿园去。

陪她闲坐的时间，加起来应该很长了，没准有整整一天。有时我也陷入自己营造的玄想中。那几年我爱看庄子，半懂不懂地读叔本华，看了一堆志怪笔记，有点神秘主义倾向（现在也没脱离）。起初我很好奇一个人为何会对一座树池如此着迷，试着去理解她奇异的反应，不得其解。后来我想起一个重复多次的梦。我总是梦见自己行走在灰色的屋顶上，是老旧的平顶楼，连绵成片。我像饰演教父的德尼罗一样，从一栋楼跨向另一栋，一边小心地俯视街道上的人潮。与电影中的狂欢不同的是，我知道那些汹涌的人群正在追捕我，却找不到我的踪迹，在下面来去奔走。我带着深深的恐惧和暗暗的得意，眺望着他们，独自一人，在漫无边际的屋顶上游荡……我不知道梦中的屋顶究竟位于现实世界的何处，也许就在某条我曾经走过的街道上方，但我没有察觉。那反复出现、无穷无尽的屋顶之于我，也许就像那树池之于李茵，是人生中一个微不足道、但挥之不去的谜团，轻烟一样，弥漫在生活的背面。区别是她遇见它了而我没有。如果在现实中，让我猝然重临那屋顶，是否也会感到相似的颤栗和神秘的安宁？

有一天我也带了书来看，信手翻到一则笔记，忽然如有所悟：汉朝时蜀郡有口怪井，井中常年冒火，在国运兴盛的时期，火势很旺；汉室衰微后火渐渐小了。后来有人投了一支蜡烛进去，大概是想引火，那火却灭了——那年蜀汉灭亡。我猜想，万事万物间也许有隐秘的牵连。当汉武帝在上林苑中驰骋射猎时，他并不知道帝国的命运正反映在千里外一团颤动的火焰中。也许每个人无可名状的命运都和现实中某样具体的事物相牵连，但你无从得知究竟是何物。人类试图通过龟壳、蓍草、茶叶渣的形状、花瓣的数目和星体的运行来推测命运，都是对这种牵连关系的简陋模拟。也许冥冥中牵连着李茵的就是那座孤岛般的树池。像那两块"尺水"、"寸天"的石头，物质上毫无干系，各自安卧一隅，却通过文字的引力紧密地连接。我迷迷糊糊地想，也许我的命运和深山中某棵树的长势有关；也许和海面上一刹那的波澜有关；也许我一生的顺遂和坎坷早就预先呈现在云海下某块石头的纹路上；而我和李茵的恋情会不会有美满的结局，也许取决于银河系内星星的总量是奇数还是偶数，或取决于两百年前的今天耽园里有没有下雨……我回过神来，见身旁的李茵已睡着了，她蜷着身子侧躺在树池上，头枕着书，手心还贴着水刷石的边沿，像轻抚马的背脊。我脱了件外套给她盖上。园子里有风，日光树影在她脸颊上游移，像一种表情。

冬天时，李茵从她表舅家搬出来，自己在外头租了一个小房间。在七楼，没电梯，只有必要的家具，但她很开心的样子，忙忙地布置了几天。搬过来的几个纸箱，有一个放杂物的，她一直没拆，好像都是她母亲的东西。她家里的事我已陆续听她说过一些。李茵原名叫李迎男，成年后她自己去改了名字。迎男和招娣，有同一个酸楚的含义。前些年她母亲在邻县有了新家庭，给她生了个弟弟。她只去住过几次。母女俩性子都别扭，处得不太好。她曾对我说过，其实她知道她妈妈不爱她。我当然只能劝她别乱想。而她父亲离婚后杳无音讯了多年，听说陆续做过钢材、香菇、木材生意，很发达过一阵子。她考上大学那年他出现过一次，给她付了学费。她几乎不和他说话。那天晚上她打电话急急地喊我过去，说收拾箱子时找到一个东西。我穿上衣服，抓了电动车的钥匙便出门了。

到了一看，是一个照相馆的信封，里边有一叠照片（李茵说过她总羡慕别人家里有相册，而她小时候的照片差不多都丢光了）。其中几张是她母亲的证件照，一张是小时候的她，独自站在一处草坪上，穿着胖胖的淡紫色棉衣，手里拿着吹泡泡的塑料签子。我还没见过她小时候的模样，拿到灯下凑近看。她指着照片的边缘说，你看，草地边上，有一小片反光，看见了没？我点点头。你说这像不像是水面？我说，像是吧，怎么了？她神秘兮兮地说，可能是在一个湖边。

她记得大约四五岁时，有一天她爸妈带她去一个湖边野炊。湖边长着一大片美人蕉，开着鹅黄的花，还有一座白色的小拱桥。她爸爸那时有一台女士摩托车，就是现在电动车的款式，前面可以站一个小孩。她妈妈坐在后座。他们一家三口坐着摩托车，背着炊具，突突突开到那里时，大约是傍晚。铁锅盛了水，架在几块石头上。她爸爸去附近林子里拖来杉柴，生了火。锅里煮的是快熟面，鲜虾鱼板面，还放了好多个鱼丸。她还记得鱼丸是甲天下牌的。还有蟹肉棒，在面汤中载沉载浮。锅里映着明亮的天，天上亮着橘红色的晚霞。那是九十年代的霞光。她爸爸当时还没开始做生意，没什么钱，穿着花花的衬衫，滔滔不绝地说着什么，总是对什么事都很有把握的样子。她妈妈带着崇拜的或宽容的微笑听着，一边往锅里放着佐料。夕阳在湖面上闪烁不定。但也可能没有夕阳。吃完饭，她爸爸用摩托车载着她，开过那座小拱桥，不知道为什么，她当时觉得那样一起一伏非常好玩，又笑又叫，快活极了，停不下来。爸爸就开着摩托，带她一遍又一遍地过拱桥。玩够了，她趴在桥栏杆边，吹了好久的肥皂泡，把一整瓶都吹光了，看着那些泡沫飘飘转转跌向远处的波光。爸妈就站在她身后轻声聊天，摸弄着她的头发。天慢慢黑了，但没有一点害怕的感觉。这次野炊她后来在作文中写了好多次，记一次难忘的回忆，因为可写的并不多。很可能经过了加工，带着岁月的柔光，细节上有些出入。也可能根本没发生过，是她做过的梦，或是看了某部电视剧后把情节记混了。她有一次用漫不经心的语气问她母亲，她母亲一点都不记得有过这回事。父亲已多年不联系，不可能为这种小事专门去问他。因此完全无法证实那个傍晚和那个湖是否真的存在。而这张照片给了她一点模糊的希望。

那晚我在她那过夜。半夜睡不着，我想了一会那个湖，觉得有点心揪。一段记忆，共同经历过的人早都随手抛下，她却当珍宝一样收藏至今。我此前此后，都极少见到她在描述那个傍晚时的柔软神情。第二天起来，她在梳头，我拿出那照片看了一会，说，要不我们去找找看吧？她停下动作，转过头看我，找什么。找那个湖啊，我指着照片说，你看这草坪，是马尼拉草，还能隐约看出一格一格的痕迹，这是人工的，不是野地，我想很可能就在县城里某个地方；那时候有人工草坪的地方不多，多半是公家单位建的。她愣了一会，点头说，对啊，我们是坐摩托车去的，应该不会太远。那张照片被她夹在一本精装书里，一直放在床头柜上。

那年寒假，我们都在找那个神秘的湖。属于她一个人的，闪亮在九十年代的，不知是否存在过的湖。在一个山区小县附近找一个湖，或较大的水体，想来不是太难的事。我们走遍

了小县城的街头巷尾、犄角旮旯，背着干粮和饮料，像小时候去春游那样。李茵的情绪始终很高涨

（此后的相处中她再也没有过那种劲头，恢复了惯常的淡漠，对我的各种提议常提不起兴致），但体力不太好，走上一大段就要歇一会，唇色变得很淡（后来我想起那也许是个征兆）。我们就找家小店坐坐，吃点喝点。那时刚有智能手机不久，我看着整幅县城在指下挪移缩放，觉得很新奇。我们第一次知道原来这个古旧的小县城有这么多隐秘的角落。我们从东北逐步向西南找去，先城区后郊外，重点找有草坪的地方，即有景观绿化的园地。先是去了一些位置偏僻的机构（不偏僻的都知道，不必去），粮库、冷冻厂、菌种站、宗教局、古树办，我们带着考古的目光打量那些旧楼、大院和树木，像一队残兵，蛰伏在深巷或高坡上，都有兵马俑一样的颜色。后来开车去周边的镇子，村庄，村外的潭子，山间公路边的水库，一处处看过。另一方面，勤向人打听。我首先想到同校的一位体育老师（十余年前他教我体育，如今竟成了我同事），他是我们县冬泳队的带头大哥，游遍了群山间每一片冰冷的水面。附近若有湖，他不可能没去过。他指点了几个地方，我们逐一找去，但都不像。也问过黄包车师傅和的哥，得到几条线索，都一一落空。李茵毕竟要复习，不像我这么闲，我们的探秘之旅逐渐改成一周两次，一次，一月一次，直到放弃。最后她说，其实找不到也挺好的，就当成一个未解之谜吧。我安慰她说，等以后我们有了小孩，也找个湖边去野炊吧。她白了我一眼。最终虽然一无所获，但那个时期我们过得实在是很愉快。

这样又过去了数月。她准备着考试，仍时常去匦园闲坐；我日复一日地备课、上课、看杂书。槭树缀满了新叶，嫩绿又转为深青。这时我们已相处了大半年。如同大多数爱情，我们那一次也有奇妙的开头和平庸的中场（后来是淡然的尾声）：最初的甜蜜，最初的争吵，矛盾，矛盾的磨合，新的矛盾，磨合后的融洽和不可磨合之处的逐渐显露。我不再把这段爱情想象得足以牵系到广大的星空，只是冷静地觉察到了它的疆界，尽量缓步向前而已。有一天下午没课，我不想扰她复习，便去同学的单位找他玩。办公室里就两人，除他外还有一个大叔，在电脑前埋头。我们喝了几杯茶，聊天，忽然窗外一阵怪响，扑拉拉飞进来一只黑乎乎的大鸟，尖嘴长爪，像一团漆黑的噩梦，简直刚从希区柯克的片里飞来。我见它要飞近，吓得站起来。同学和那个大叔见我这样，哈哈大笑起来。大叔一抬胳膊，那黑鸟便娴熟地落在他厚实的肩上，抖抖翅膀，冷眼瞅着我。

这位大叔是个奇人。同事们都叫他鸟叔，很会养鸟。那黑鸟是他养了多年的八哥。不是花鸟市场买的，是他自己在春夏间去野外捉的。他有捉鸟的法门，一气捉了许多，仔细挑选过，不中意的放了，只留下这只。自幼经他悉心驯养，因此这只八哥特别的壮大、机灵、俊美

（？）。每天他出门上班，也不提笼，八哥就在天上飞着，忽远忽近，跟着他到单位。他开开窗户，鸟就飞进来。他做事时鸟自己在楼下树林里玩，自己找吃的，偶尔在楼上听见它的叫声。他下班，到楼下树林边一招手，等片刻，鸟就飞出来，跟了他走。我听得目瞪口呆，但鸟证就在场，不容不信。小县城似乎比城市更纵容人的怪癖，这类奇人所在多有，倒也不算太稀奇。鸟叔的另一癖好是拍鸟，周末常提了相机，到处晃荡。公园，树林子，湿地边，荒山野水，无远不到。拍了许多年，还自费出了一册影集，印了几十本，到处送人。我多问了几句，他就从抽屉里端出一本给我看。出于礼貌，只得随便翻翻。牛背鹭，鸽群，隼，啄木鸟，红腹锦鸡。构图什么的都还不错。几只灰雁和一对鸳鸯的两张图引起我的注意。照片中大半是水面。我问他这在哪拍的，他凑过来看看，想了一想，说，在岭下水库吧。我哦了一声。那水库我去过，周边都是野地，水线低时，沿岸裸露着红土，没有草皮。过了一会他又说，哦，雁是水库拍的，鸳鸯是池塘里养的。哪里的池塘？我问。他说，在老干局后面，门球场外边，以前有块池塘。有一年不知从哪弄了两只鸳鸯来养，后来没养活，死掉了。活的时候我去拍过。我说，老干局那里前阵子我去过，好像没看到有池塘啊。早没了，他说，后来改成停车场了。两千年初还在的。

我小心翼翼地，不敢直接问桥，先问湖边，不，池塘边有没有种美人蕉？黄色的。他说这我哪记得。我说，也是。那有没有拱桥？他说，诶，是有一个。一股暖流从我后颈升上来，汗毛都立了。他说他还拍了鸳鸯穿过桥洞的照片，但是角度没拍好，拍的是鸟屁股，就没收进集子里。我便央求他，能不能找到当时在那里拍的其他照片。胡编了一个理由，说我小时候在那附近住过，有点怀念。他爽快答应了，不过待会下班他要喝喜酒，估计会喝多，明天是周末，他找找，找到了下周一给我。我说好好好，出门就给李茵打了个电话。

老干局后边的门球场，我们之前路过过。那天傍晚赶到，球场里有几个老人提了槌子在玩，门球像是一种按了慢放键的运动，远看有点怪异。向后头走去，果然是个停车场，再往后便是野地。没停几辆车，显得格外空旷。门球场的沙地和停车场的水泥地之间，夹着一截草皮。李茵说，可能真的是这里。我说，你又有奇怪的感觉吗？她说不是，草坪、拱桥和池塘，一个小县里能有几处？八成是这。她那时小，觉得池塘大得像湖，或在记忆中把它放大了许多倍，完全可能。等照片找到了就能确定了。我说，这片是老干局的地，虽然后头就是野地，也没围墙，但能让人生火野炊吗？她说，可能是趁周末或下班没人后，她爸带她们偷偷进来的。像他的做事风格。我在停车场上转了几圈，见到水泥上有一些裂痕，裂痕断续地围成个椭圆，对李茵说，池塘可能真有，应该就在南边这块，后来改建停车场，挖淤泥、填土压实的时候没处理好，地基不实，这块慢慢沉降了，你看，水泥地面有点开裂。她没搭理我，踩着那圈裂纹，在停车场上徘徊了好久。

我们心不在焉地过了一个周末。周一早上，我在课间打电话给鸟叔，一问，他说照片昨晚上找到了，有一沓，已带到单位。我千恩万谢，一下课就去取了照片，也不先看，就上李茵那去。照片装在一个边角略微破损的牛皮纸信封里，摸着挺厚。我们凑在桌边，欢喜又忐忑，像在拆一封密电。她小心地把一叠照片抽出来，一张张铺在桌面上，逐一看去。许多张全是鸳鸯和水面，没有其他。有几张，背景中真的出现了拱桥。在焦点之外，模模糊糊，白色的一弯，如同幻影。有一张是桥身部分映在水中，像揉皱的白纸。最清晰的，是那两只鸳鸯正要游过桥洞的一张，位置恰好。就是那桥了，一模一样。她惊得说不出话来。一整天她都神思不属，一会就拿出来看一下。临睡前，她又在看，忽然指着照片某处，叫我的名字。我过去一看，开始没懂，随后也愣住了。水面碧绿。两只鸳鸯款款游向桥洞。身后分开八字形的波纹。我注意到上方灰白色的桥栏。细看之下，并非一味的灰白，而是灰与白相错综，像灰暗的天空洒着密雪。其间还散布着一些细小的，绿莹莹的光点，如同翡翠质的群星。

那晚我们解开了一个小小的，绵延已久的谜团。我的那番玄想破产了。并非宇宙间有什么隐秘的牵连，是人的记忆常把不相干的事物无端地牵扯到一起。甚至当记忆的真伪都无从考证时，记忆所引起的情绪还潜藏在某些细节中（八九十年代独有的粗糙与晶莹）。对同一材质的相同感受，接通了两个遥远的时刻：她童年中最明亮的一个黄昏和多年后匿园里一个阴沉沉的下午。她捏着照片，凑过来，伏在我肩头。那是我第二次，也是最后一次见到她哭。几年后分手时，我们看起来都是平静的。

她考上研后，去了北方的城市，听说又嫁到另一个北方的城市。我依然留在家乡教中学地理，画着等高线和大陆的轮廓。每天看书，散步，后来也学着养了一只百灵鸟，挺好玩。我不时还会梦到那片连绵的屋顶，有时也望见那个湖。它曾是虚假的事实，后来是神秘的回忆，最后是伤感的慰藉。如今也成了我的回忆。它在梦中是不可抵达的背景，是天边一线橘红色的闪光。几年后，当我间接地听说李茵过世时，她已过世了好些日子。据说是生了场病，我连什么病都无从知道。专门托人去打听，也太古怪，就算了。得知消息的那天晚上，我仪式性地追溯起一段往事。一些情节闪过我的意识，像雨夜一束灯光里掠过的雨丝，没有着落。我感到一种近乎抽象的哀伤；哀伤没有想象中的持久。我有点惭愧；惭愧也转瞬而逝。

秋天时，我陪父亲去耽园散步。走过那个分岔口时，我忽然说等一下，就撇下父亲，绕过竹丛，钻到景墙后边。时隔多年，我再次踏进了那片荒草地。几只斑鸠从深草中惊飞起来，隐没在浓浓的柏树中。天快黑了。那棵槭树已经不在了。连砍伐的痕迹都没有。水刷石的树池也不见了，像整个沉没进草的深处。我在那里站了一会，忽然想道：汉朝灭了，井底的火焰就熄了；暗中牵连的一并在暗中消泯。过了许久，我听见外面在喊我，便转身走出去。匿园在我身后徐徐消散。

2018.12.13——12.14

尺波

1950年初春，发生在屏南、建瓯两县交界的东峰尖剿匪战斗中的一次交火，偶然映照在上空一只游隼深褐色的眸中。方才的两声巨响将它推向天空深处，群山骤然缩小成暗绿的波纹。新兵陈蕉的面容和举枪的姿态在隼的意识中保留了片刻，直到被一抹霞光取代。一股白烟从他的枪口飘散，身边的灌木犹自簌簌摇荡（对方的一枪没击中他）。他放下枪，大口喘着气，走上前去。伏在地上的死者是土匪的小头目，匪号长脚鹿，在山寨被攻破前趁乱而逃，打伤了一个民兵，被陈蕉一路追踪到这里。陈蕉取下死者的手枪，别在腰间，试着拖了一把尸体，太过沉重，便在路边做了个记号，打算沿原路返回。这时天已擦黑，林中的浮烟渐渐深浓，先是衬出树身漆黑的轮廓，随后将其抹去。几声冷冷的鸟啼，像从地下升起。早春的枯枝。肥厚的青苔。淤泥。野兽的足迹。陈蕉没料到自己将在六十年后向孙子描绘眼前的一切，只想着尽快离开。

他紧了紧肩上的枪带，努力辨认着路径，走进烟雾中去。

2015 年冬天，我模仿蒲松龄的笔法，写了几篇闽东地区的山野异谭，次年发表在一本叫《尺波》的刊物上。主编张焕对其中一篇《熬夜》很感兴趣，多次向我确认它的真实性。那篇短文写的是我爷爷参加剿匪战斗时在山中遇鬼的经历。去年深秋《尺波》办了一次笔会，地点选在铁瓯山风景区，我受邀前往。头一天是作者座谈会，我没参加过这种会议，感觉像国外的患者交流小组，大家围坐着分享文学引发的各种症状。次日的活动是景区游览，因疏于锻炼，登山时我和张焕落在队伍后头，索性缓步聊天。他说这山他爬过多次，景致一般，不如去旁边的峡谷坐缆车。我们便脱离了队伍。我感觉这像是刻意的安排。坐进车厢后，面无表情的管理员在外头重重关了门，缆车便滑进云烟里。是那种老式的缆车，很慢。两排车厢背道而驰，成一循环。朝窗外张望，其他车厢在云中时隐时现，像群山之上的一串念珠，被无形的手缓缓拨动

着。张焕说缆车是他最喜欢的交通工具，我说我也是。沉默了一会，他忽然谈起我那篇《熬夜》。【好书推荐 vx booker 113】

他说初次读过之后，惦记了几天，觉得有种怪异的熟悉感，好像和他的某部分记忆重叠了。随后他弄明白了原因。那是他多年前在旅途中看的一部电影，或做的一个梦。当时他去邻市的博物馆参观了一次南亚古兵器展览。马来剑的纹理和古姜刀的弧线给他留下了极深的印象。归途中，大巴上的车载电视在放一部电影，早年间的香港武侠，年轻的剑客在为决斗做准备，参悟剑诀，告别情人。他睡着了。醒来时天已黑透，车上静得出奇，没开灯，乘客们似都已入睡。电影换成了另一部，他已无睡意，便看起来。周围事物像全都消失，只剩他和那面发光的屏幕，悬浮在黑暗的太空，以相同的速度向前飞驰。

片子开头是一柄剑的特写。一柄形状奇特的短剑。剑身乌黑，上有银亮的花纹，边缘泛着淡淡蓝光，如同薄雾。剑体弯曲，略似蛇形的马来剑，但没有那样诡异的扭曲，更像河流的蜿蜒。镜头极缓慢，沿着剑身移动，似要细细展示上边的花纹。是那种反复折叠锻打而成的纹理，像云流水逝之态，或松木的脉络，极其曼妙。花纹自身在游走变幻。愈往下，愈细密，流动到剑尖，成了点状，像粉碎的浪头或灿然的星斗。

张焕想起古书里的雪花镔铁。当他以为这是文物纪录片时，情节开始了。

剑缓缓消失。国王在床榻上醒来。看装束像某个岛国的君主，也许是满者伯夷王朝，或虚构的部落。国王一脸怅然，他已多次梦到这柄剑，梦而不得，渴求之心日益强烈。那花纹

似乎还在眼前游动，却无法触及。国王对酒肴、嫔妃、杀戮、歌舞都失去了兴趣，魂不附体，形容憔悴。衣上装饰着鸟羽的巫师说，如果人清晰地梦见一样陌生的事物，而这样的梦不止一次，那么它就是真实存在的。王可以用无上的权力去寻找它，上下四方地寻找它。于是国王下令召国中最出色的铸剑师（名字叫欧耶兹莫叶什么的，记不清了）进宫，向他详细描绘了梦中剑的形象，以黄金诱惑，以死亡威胁，命他在限期内献上同样的剑，从尺寸到纹理，要与梦中那柄不爽分毫。

铸剑师回到家，坐在炉火前沉思起来。国王描述的那种剑并非无稽之谈，那种蜿蜒的、花纹会自行变幻的剑，他曾听父亲说过一次。那是他们家的祖传秘法，但过于荒诞，从没人试过。国王赐给他一块内库珍藏的上好陨铁，材料不成问题，锻造的技艺也在其次，秘法中最重要的是用于淬火的药水。他精通用香料、毒药和酒浆给剑淬火，各有不同的奇效。但秘法所需的药水要用九千个夜晚来熬制，时间断然不够。他终日枯坐，进入了冥想。黑暗中，他向面目狰狞、多头多臂的诸神祷告。最后他想到（画外音），兵刃的无数种形状都自火焰中来，锻冶之事他没理由不向火焰祈祷。他说，蕴含了所有形象的火焰啊，居住在火焰中的真神，请你垂听我的祈求……他喃喃地说了一通张焕听不懂的话。过了一会，他感应到神的话语。神的话语像日光的触及，没有声音，也无法形容，却能感受到明确的温热。神告诉他：梦中之物应向梦中找寻。铸剑师颤抖着回答，可是没有时间了。神答复道，在梦里时间是无关紧要的东西。在那里我赐予你永不熄灭的火焰。现在便开始锻造吧。

铸剑师睁开眼，眼前是颤动的炉火。他起身唤来一个中年大汉，像是他儿子，令他协助，便开始冶炼陨铁。冶炼和锻打不停息地进行了三天。火星飘扬，红光在屋梁上晃荡。第三天夜里，铸剑师吩咐儿子继续锻打，黎明前不要停下，就在一旁躺下，沉沉睡去。儿子以为父亲是疲倦不堪了。

镜头切到铸剑师的梦中。他置身于一片荒野，星月朦胧，远处闪现一团火光。铸剑师走上前，见火焰边坐着一个老者，回过脸来，竟是他的父亲，但比父亲去世时更加苍老。他向他跪拜，但对方并不理睬，只是木然地抱膝而坐，一会盯着火焰，一会看看天空。铸剑师知道这便是秘法。剑身用陨铁铸造，陨铁是夜空的碎屑，因此要用整个夜空熬炼出的汁液来淬火。那种汁液叫作玄浆，一柄剑所需的量，要用掉九千个夜晚才能得到。他见到父亲身旁有一只坛子，不知里边已盛了多少，也不敢问，在火焰边恭敬地跪坐着。他想到父亲的亡灵一定是预先知道他要遭逢劫难，为了他的性命和荣耀，每夜在这守着火焰，替他炼制玄浆，心中感激。过了许久，天似乎快亮了，父亲将坛子放上火焰，火舌从四周围拢，托起那坛子。漫天夜色像黑色的细沙一样被吸进坛口，天光越来越亮，坛子里渐渐盛满浓黑黏稠的液体，表面泛着幽蓝光泽，坛底有细小的银尘旋动，他知道那是群星的渣滓。天彻底亮了。四周是他从未见过的草木，天际群山的轮廓也极其陌生。父亲像疲倦得说不出话来，示意他喝下那玄浆。他犹豫了一下，端起坛子，艰难地喝光了。画面模糊起来，镜头摇晃，他倒下了。他伸手抓了一下，父亲没有扶他。失去意识前，他注意到父亲的臂膀上有一道伤疤，从肩至肘。

铸剑师醒来，见到儿子抡锤的影子在墙上舞动。他起来，面墙呆坐半晌，如有所悟，神情悲苦，取来匕首和陶罐，小心地割开自己的手臂。黑色的汁液涌出来，流进陶罐中。抡锤的声音停下了，铸剑师喝令儿子继续锻打。过了一会，黑水流尽，之后才是鲜红的血，两者泾渭分明。儿子又惊又惧，几乎忘了给父亲裹伤。包扎妥当，铸剑师嚼了一块药草，恢复了些体力，忍痛起身完成了最后的锻打。他夹起烧红的剑刃，小心地插进陶罐。并没有嘶的一声。片刻后，罐中的玄浆已少了一半，剑刃像饮水一般吸取着汁液。陶罐干燥之后，抽出剑来看时，剑身已弯弯曲曲，如同水中的倒影。剑长约二尺，黑中泛蓝，纹理自动，流转不停，像一道被约束的波澜，或二尺长的深渊。铸剑师给它起名叫尺波。他将它劈向铁砧。剑刃毫无阻力地穿过了。抬起剑来，铁砧竟完好如初。第二天清早，铸剑师进宫献剑的时候，家中的儿子已寻不见那块铁砧了。

国王远远地望见铸剑师手中所捧的剑时，便惊讶地站起身来。看样子和他梦中所见毫无二致。国王摩挲着剑身，痴迷地凝视着上面的花纹。试剑时，它无声无息地穿过任何事物，如劈风，如捣虚，却连木头也无法斩断。那剑刃在这世间就如同幻影，或者世间万物于它如同幻影。只有国王和铸剑师能触摸到剑身，因为那是他们梦中之物。尺波剑自然无鞘，也不能放在匣中，剑柄经过铸剑师改制，放置时以柄触地，可以直立。但似乎无此必要，国王几乎日夜剑不离手。铸剑师领了赏回去，此后再不铸剑，像用光了余生的精力，每日间呆坐，天一黑便倒头睡去。

一次饮宴中，国王有心吓唬众人，挥剑向宫女们冲去。她们花容失色却毫发无伤，引得国王狂笑不已。到了后半夜，被剑刃刺穿过的宫女逐个消失了，酒壶和扇子摔落在地上。只被剑刃触及的几个宫女倒还安然无恙。国王召来铸剑师询问，后者像刚睡醒，嘶哑地说，似乎是这样，被尺波的剑刃穿透的事物会渐渐消失。我只是铸造了它，并不能理解它。国王点点头，让他退下了。

铸剑师回到居所（原先是简陋的木屋，现在已堂皇之极），躺下，开始做梦。镜头又回到那片荒野。同样的草树和山形。星月朦胧，铸剑师漫步走着，挑了一处偏僻的所在，端坐下来，喃喃低语，召唤出那团永不熄灭的火焰。

张焕说，他不记得片子是不是在这里结束，后边他似乎又睡着了。事后回想，情节仍无比清晰。他翻来覆去地想那故事，原先不理解之处都豁然贯通了。庇护铸剑师的不是他父亲的亡灵，而是居住在火焰中的真神；那老者不是他的父亲，是他自己。神应许了他的祈求，让他梦到了九千个夜晚中的最后一夜。他预先支取了果，再用余生的每一夜来积累因。那团火焰每夜烧灼着夜空的底部，他一点一滴地收集从夜色中提炼出的汁液，再在九千个夜晚之后，等待自己梦见自己，让他喝下玄浆

——也许唯一能将梦中之物带回现实的方法，是让它成为自己的一部分。这样便能解释老者的疤痕，也能解释铸剑师献剑之后的行为：对他来说，从此梦是漫长的煎熬和守候，清醒是休憩。

因不知片名，也不认得其中任何一个演员，张焕此后多方查找都无果。他开始怀疑这是一个梦，但不相信梦中能想出这样的情节。他曾想动笔写成小说，又担心确实有这样一部电影存在。当年筹办刊物时，众人各想一个名字，张焕随口说了剑名，结果得票最多。没人能猜到尺波的原意。我听到故事中间，便已明白他为何特别在意我那篇短文。这时缆车已到站，一个和方才十分相像的管理员过来开门，张焕对他说，我们再坐回去。管理员便面无表情地关了门。缆车绕了个弯，又回到空中。峡谷今天云气腾腾，几乎可称作云海。念珠在白茫茫天地间徐徐拨动着，我们端坐在其中一颗。

那天夜里我祖父陈蕉在大雾中迷失了来路。他踉踉跄跄走了半天，困倦不堪，又担心山中有虎，就爬上一棵树，抱着步枪，在树杈上睡了半夜。估摸着快要天明，他便继续前行。雾渐渐散了，荒草间的樵径已依稀可辨。忽然他望见远处山坡下有一点橘红色的光，闪烁摇摆，也许是农舍的窗口。但没路过去，他在一片深可及膝的铁芒萁里艰难地向前挪动着，穿过杉树林，走近了一看，是个塌陷下去的小山谷，火光在谷底。火边一个佝偻的人影。他觉得有些诡异，大着胆子过去，先喊了两声，那人回头看他一眼，神情呆滞，又转过身去。从身后打量，见他头发灰白蓬乱，衣着古怪，双臂裸露在外，异常结实，为红光勾勒出筋肉的丘壑。左臂一道长疤，醒目可怖。祖父心想也许是附近村庄的疯子。旧时村里近亲通婚，几乎每个村都有几个疯傻的人。黎明前山里湿冷得很，早春时节，祖父只穿了一身单衣，便在火边坐下，想暖和一会，等天大亮了再走。这人既在这里，附近必有村庄。那人也不搭理他，兀自痴痴看火。烤了一会，暖意和困意一同袭来，迷糊中，祖父注意到一件事，顿时坐直了身子。那火底下没有灰烬。干干净净的，像平地涌出的一团红莲。祖父心知是遇到鬼了。据说五更天叫鬼呲牙，天将亮未亮之际，阴阳交界，鬼多在这时活跃。祖父不动声色，慢慢站起身，一点点向后退去。见那人正抬着头，盯着火团上方的天发愣，像全没察觉，祖父愈退愈快，到了山坡，便转身飞奔上去。跑了一阵，回望火边那人，见他仍待在原地，火光颤动，影子在地上一伸一缩。祖父稍稍放心，一路疾走，直走到天光微亮，才遇到一个早起的村民，为他指点了道路。

这件事祖父没向部队里透露过，当时的风气，怕被人嘲笑迷信，也影响进步。那晚的回忆确实一直妨碍他成为一个彻底的唯物主义者。多年后，他因公事去了一趟东峰尖附近的上镂村。他装作不经意地谈起那次经历，将主角替换成他的朋友。一个村民说，有这样的事，当地叫做"鬼熬夜"。鬼还熬夜啊？村民说，真的，是真的熬，熬粥那样熬。你看黑黑的天像不像一口锅底？有人说是熬来吃的，那是荒年的恶鬼。有人说他是在修炼，吸天地的精华。鬼火有时在山坳上，有时在山涧下边。那一带天一黑没人敢进去。我小时候走夜路，有一次也隔着树林望见过鬼火的光。这些年改天换日，东方升起红太阳，照到哪里哪里亮，鬼才不见了。一位曾在该村任教多年的老教师说，鬼他是不信的，不过确实有件怪事。按说山里天该亮得晚，但他在上镂村教书的二十多年里，就东峰尖那一圈，天比外头亮得要快一些，大约会快上一刻钟。

祖父去世几年后，我尽量不加修饰地写了那篇短文。鬼熬夜之说似乎在别处罕闻，我向来有些长爪郎之癖，对这事格外留意。文章写成后一年，我又意外获得了相关的材料，因为懒，还没添进文章里去。我在友人处得到一本民国时上海某大学的校刊《寝于渊》，1946 年第 10 期，纪念鲁迅先生逝世十周年的专刊。上面有一篇题为《饮夜》的散文诗，文笔稚拙，却引起我的注意。作者在诗中提到他故乡的传说，有种鬼魅熬煮夜色为食，他以之比喻大先生，"他饮下最浓烈的夜，天便亮得早一些。人们欢呼着奔出门；山顶上，猛士却倒伏于毒血。"作者叫郭雨辰。我拜托该校一位教授查了档案，应当是 1942 年到 1946 年间入学的。过了许久没回音，我快忘记时，对方告知居然查到了。这人 1943 年考入该校历史系，在校时便加入了地下党，后来神秘失踪。籍贯是福建省第八行政督察区屏南县岭下乡云镡村。我查了查，那个村多年前已迁移。在地图上测了一下，原址距离东峰尖不到五公里。

我正要把郭雨辰的事说给张焕听，张焕先开了口，他说，后来他又梦到过一次。是国王的情节。王宫的格局、陈设与先前一次毫无变动。我不由想起了巫师的话。张焕说，国王已经老了，依然痴迷地把玩那柄短剑。国境内终于发生了一场动乱，叛军直攻到殿上来。一圈矛尖向国王围拢，他身前只剩下几个负伤的亲兵，徒然地举着兵刃。叛军首领喊话让他缴械投降。国王叹了口气，坐在御座上不动，犹豫了一下，将手中的尺波剑向叛军首领掷去。几面盾牌抢先挡在首领身前，但尺波逐一穿透了它们，穿透了侍卫和首领的胸口，直插入殿堂的石砖，然后消失不见。首领惊骇方定，莫名其妙，将国王囚禁起来，准备次日用最古老的刑罚处死他。次日清晨，几个神态恭谨的人走进牢房，跪拜一地，禀报说叛军首领已被王的神力抹除了。国王回到了他的寝宫，未及感慨，便招来几位学者，向他们询问剑的去向。一位学者说，大地是无穷无尽的，陛下，它将处于永恒的坠落中。另一位却说，古代诗人吟唱过，大地是华美的毯子，神和历代帝王在这一面用金线织就了花纹；另一面却有另外的图案，人只能在梦中窥见。大地是广阔的书页，神和历代英雄在这一面写下史诗；另一面有另外的诗行，人只能在梦中听闻。见国王凝神倾听，学者又说，曾有人在掘井时挖出一块残碑，碑上的铭文写道：大地的另一面是梦中的世界；我们则在那个世界的梦中。国王低声重复着这句话，沉吟半晌，问道，那么我的剑？陛下的剑将穿透大地，所用的时间不可计量，也许在千载后，也许便在下一秒。国王嗒然若丧，示意他们退下，呆坐在鎏金的御座上。张焕的梦便在这里结束。

事件纷繁，但并非不可理解。我们讨论了一阵，又各自沉思起来。线索的交汇点无疑是铸剑师：张焕梦见了他和国王的故事；铸剑师在梦境中守着火焰；祖父在他的火光边一闪而过；我在山野传说和一本旧校刊里认出他的踪影。张焕的梦也许印证了前半句铭文，祖父的经历和当地传说则印证了后半句。我们不再言语，似乎同时想到，在大地的另一面，也许有人正梦见云中的缆车，梦到了这场谈话……而那柄穿透一切，令一切化为乌有的剑，正在黑暗中以不可知的速度行进着，日日夜夜向我们奔来。缆车运行得极慢，几乎觉察不到移动。窗外云涛微茫，方才偶尔还有一痕青翠飘过，此时已一无所见。有一瞬间我怀疑大地已经开始消失了。

当晚我们在一家酒馆聚会。我多喝了几杯，盯着杯中晃动的酒，朦胧地感到，物质间有不可思议的流转，也许祖父多年前穿过的那场大雾，经过长久的飘荡、流淌和贮藏，最终成为酒盈盈在这杯中，构成我此刻的醺然。醺然中我又想起那柄剑。那柄乌黑的，在黑暗中潜行的剑。我不由自主地在脑中勾画那蜿蜒的剑身和诡丽的花纹。我意识到此后我将梦见它，一次又一次，恐惧又着迷地梦见它。

2019.3.6

音乐家

伯牙乃舍琴而叹曰："……志想象犹吾心也，吾于何逃声哉？"

——《列子·汤问》

一、雨夜萨克斯

1957年秋夜的细雨（若有若无但确实存在过的细雨）飘洒在我想象中的列宁格勒上空，雨丝随风横斜，潇潇而下，将那些灰色楼群的外墙涸成深灰，模糊了许多透着暖黄色灯光的窗口，接着洒向街道，在一柄虚构的伞上化作绵绵不绝的淅沥声。持伞的男人竖起了大衣领子，头戴黑色软呢帽，站在沿街的椴树下，隔着上方稀疏的黄叶，紧盯着街对面的十九号公寓楼。这是西郊一条僻静的老街，夜里行人寥落。街面用石砖错落砌成，湿润后显得黑而滑腻，像某种巨大生物的鳞甲。一台嘎斯牌汽车歪斜地停在街角暗处，湿漉漉的车顶上也黏了不少黄叶。几点橘红色火星在挡风玻璃后诡秘地浮动着。

十九号公寓是一栋五层的混凝土建筑，临街的窗口这时半数还亮着，概无例外地拉着窗帘，每一团暖昧的灯光都像在密谋着什么。一小时前，三楼一对夫妻压低声音争吵了几句。哪里传来煎锅的滋滋声。小孩的哭闹。门与门框的碰撞。一声拉长了腔的狗吠，凄厉得像在荒原里叫……十点过后，这些声音全被夜色吸纳了，只剩伞布上的淅沥声不绝于耳，这给树下的男人造成了一点干扰：他正在寂静中搜寻另一种声音。十一点一刻，雨大了些；期待中的乐声终于出现了。它从五楼东侧鬼鬼祟祟地飘出，细长的一缕，曲调诡异又轻浮，像在撩拨窗外的雨丝。男人凝神听了一阵，确定声源在五楼最东边的窗口，便走到街灯下，倏地合上了伞。这是行动信号。街角那台汽车的前后车门同时打开，跳下来三个穿着相似的男人，疾步过来，和持伞的男人一道，冲进了公寓的正门。

几天前，区民警局接到匿名举报，称这栋楼里近期有人在深夜吹奏违禁乐器，听声音似乎是萨克斯。这种散播资产阶级颓废情调的乐器在列宁格勒久已绝迹，因此引起了警局的重视。早在1947年，苏联各大城市的萨克斯就已被强制收缴、集中销毁，爵士乐手们纷纷改行，要么进了古拉格——斯大林不喜欢爵士乐。他的继任者赫鲁晓夫对音乐的态度时宽时严，但对爵士乐的厌恶始终如一。拥有一支能源源不绝传播精神污染的萨克斯管，这和偷听违禁唱片的性质完全不同：后者由人民志愿纠察队批评教育一番，记录进档案就行；前者则恶劣得多，或许得在西伯利亚的寒风里敲上几年石头。

这队便衣已经盯了三个晚上。吹奏者反侦察意识很强，头一天只在黄昏时断断续续吹了几下，没法辨明位置，但已确定那是萨克斯声；第二天毫无动静；今晚他终于放松了警惕，也许因为有雨声的掩护。

深夜的敲门声让整栋楼的寂静绑得更紧了一些。每个惊醒过来的人都屏住呼吸，疑心刚刚被敲的是自己的房门。五楼的乐声早在他们的脚步响在楼梯间时就已猝然停止，但没有关系，乐器不会凭空消失。拳头一下一下地砸着门，不急促，但持续不断，威严而坚决。正当他们准备破门而入时，那门哆哆嗦嗦地开了。

租住在这间房里的是大学生伊万·伊里奇·瓦尔金，二十二岁，一个警员将他的信息记在手册上，其余几人已经着手搜查。都是行家里手，十分钟内，所有柜门、抽屉全被打开，床垫被掀翻，沙发被割破，书籍、衣物和沙发里掏出来的海绵扔了一地。意外的是，没有发现萨克斯的踪影。大学生看样子并不知道被搜查的原因，捡起一本书举到他们面前，怯怯地说这些都是审定的读物，你们不该这样乱扔高尔基文集。一个警员看向另一个，用责问的眼神确认他是否辨错了位置。后者露出无辜的神情。一旁的民警队长不禁暗暗怀念起斯大林在世的年月，那时并不需要一把真实存在的萨克斯，只要有一点萨克斯存在的可能性，就足以将这个年轻人扔进监狱。这几年来，这道手续变得略为复杂了。他走到窗边点了一支烟，下意识往街上望了一眼。不可能，从这个高度把萨克斯扔到石砌的街道上，动静不比开枪小。他决定还是先将大学生带回去审问。这样的新雏很容易在几宿不睡后吐露实情。他没注意到身后的瓦尔金已经脸色灰白。如果此刻队长低头审视，就会发现他面前两掌宽的水泥窗台下方，用钢钉牢牢固定着两条细铁索，铁索贴墙吊着一只木箱。木箱表面刷了一层水泥砂浆，颜色和墙面相近，即使在白天，从街道或从对面楼望过来，都很难觉察到箱子的存在，最多发觉窗台下的墙体凸起了一块。箱子里垫着毯子，裹着瓦尔金几周前辗转托人从黑市买回的萨克斯。那是刚才他在擂鼓般的敲门声中匆匆拆卸后藏进去的。

队长把烟头摁灭在窗台上，转身要发话时，乐声再次响起了。众人听得真切，声音就来自隔壁。曲调似乎不同，但音色分明就是萨克斯。几个警员用刀剜般的眼神瞥了一下刚才在楼下盯梢的男人，鱼贯而出，留下凌乱的屋子和惊魂未定的大学生。隔壁房门只擂了几下便开了，开门的是个白发蓬乱的老人。警员们还来不及问话，全都愣住了。老人手里拿着一支漆黑的单簧管，正惊慌地看着他们。

"萨克斯管？我怎么会有那种东西？"老人举着手里的乐器，激动地辩解道，"那是被西方文化毒害的年轻人才会迷恋的玩意。各位长官，看在我年纪的份上，不要开这种玩笑吧。"

老人的房间几乎没有搜查的必要。除了一张摆满钟表零件和维修工具的桌子，几件必要的家具外，别无他物。房间朴素得过分。小得像舷窗的窗户拉着厚厚的帘子。床下一只皮箱已经拉出来，是放单簧管用的；使队长稍觉疑心的是箱子上积着灰尘。但确实没有萨克斯的容身之处。一名警员狐疑地说："可你刚才吹奏的声音确实很像……"

"这误会是可以解释的，我想长官们一定知道，萨克斯的起源正是单簧管，它是无耻的资产阶级分子对单簧管进行的邪恶的改造，两者间的区别就像修士和舞女一样大……"

队长最后想挽回一点面子，便问他刚才演奏的曲目是否合规。老人转身从抽屉里摸索出一本证件，递给他，说，如果你们对乐曲的合法性有所质疑的话，请看看这个。我三年前退休时，已经在列宁格勒市乐曲审查办公室服务了二十多年了。队长看了看那本退休证上的名字：谢尔盖·谢尔盖耶维奇·古廖夫，照片和本人相符。他没再说什么，将证件还给他，一伙人便退了出去。

古廖夫锁好房门，听着脚步声渐渐消失，定定神，正要回到桌边重新工作，再度响起的敲门声吓了他一跳，虽然只是轻轻的两下。"谢尔盖·谢尔盖耶维奇，您还没睡吧……"门外是隔壁大学生那压低了的嗓音。古廖夫将门开了一条缝："什么事？""我，我不知道该怎么感激才好，谢谢，是您救了我……以前从没听过您吹单簧管，刚才那是什么曲子？我是说，太美了，真的……"古廖夫板着脸，低声而快速地说

道："明天就去把你那该死的乐器处理掉，否则我就去举报你。别连累到旁人身上。那声音搅得我腻烦透了！"说完便合上了门。

大学生走后，古廖夫试图继续工作，却发现难以做到。刚才吹的是什么曲子？这问题也在他心中盘绕起来，使他屡屡分神。那曲调似曾相识，仿佛平日就潜藏在唇边，一触即发，但绝非他曾学过或听过的。会不会是他审过的曲子呢？他闭上眼，让那道旋律在虚空中流淌。过了一会，他触摸到一些颤动着清光的微粒。那质感极其熟悉。但作曲者的身份在他记忆的迷宫里不停地逃逸。他在黑暗中追逐着，却一无所获。

二、钟表和鸟鸣

谢尔盖·谢尔盖耶维奇·古廖夫因为健康问题，在五十三岁时申请了提前退休。上级肯定了他多年来的杰出工作，向他颁发了奖状，但给的退休金是微薄的，不足以维持他在列宁格勒的生计；故乡狄康卡已成了集体农庄，回去也无处安身。他决心不再碰任何和音乐沾边的活计，就在城郊租了间小公寓，经过几个月的自学，竟转行做起了钟表维修。到1957年，他已经是列宁格勒顶尖的钟表匠了。他同时为几家店铺工作，但只在家里做活。钟表店隔几天就把一批最难修的活计送上门来，隔几天再取走。主顾每次都很满意。倒不是他在机械方面有什么过人的天赋，而是他比任何人都更能享受这种需要心无旁骛、不带丝毫感情色彩的工作。脑中空无一物的状态，正是他多年来渴求而不得的。他像曾经对待音符那样细致、审慎地对待那些齿轮；前者折磨、引诱了他一辈子，后者则带给他安宁。细小的齿轮像星体一样完美地运转着，将时间研磨成均等的颗粒。晶体般洁净的滴答

声凭空堆积着，闪烁着无与伦比的秩序美。他喜欢这种透明、安全的声音，喜欢看着自己修好的各式各样的钟表摆满一桌面，然后在满屋子繁密的滴答声中进入无梦的睡眠。

他的单簧管已经多年不动了，作为一件少年时代的纪念品，躺在他床下的皮箱里，日夜喑哑着。几天前的雨夜，他听着隔壁的骚动，出于同情和急智，犹豫再三，终于取出单簧管来，随口吹了一段。他故意将音色吹得亮丽、丰满，弄出近似萨克斯的效果，替那年轻人解了围。然后就不安地等待着，等着房门被粗鲁地敲响，等着质问和辩解，等着纷至沓来的幻象；同时在乐声中又感到一点奇异的快慰，像多年戒酒的人再次陷落于酣然。这些天来，他思绪很乱，工作效率一反常态的低。那一段随口吹出的旋律，像一小汪春水，在他心底摇漾着；捧不住，也截不断。一些旧事像杯底的沉渣，因那旋律的翻搅而浮动起来。他像是无意中念出了禁忌的咒语，结果召来了往日的幽灵。这天黄昏，一只鸟飞落在古廖夫的窗前。它抖抖翅膀，摆了摆脖颈，鸣叫起来。老人从一堆钟表零件中抬起头来，摘下寸镜，向窗口张望时，那鸟已扑剌剌飞去了。古廖夫认得这种啁啾声。清亮，恣肆，欢畅得似乎过了分。他合上眼，以那声音为线条，在心里一点点勾画出鸟的样子：尖细的喙，漆黑的眼睛，腹部有雪点似的白斑，黑色毛羽上闪着铜绿和紫霞般的光泽……

"莫扎特的宠物，"一个极熟悉的嗓音在耳畔向他说道，"紫翅椋鸟。这种鸟终其一生……"那是四五十年前了，在狄康卡，是他的音乐教师尤京娜老夫人的嗓音。他十岁出头时，每天和另一个孩子一起到她家中学习单簧管。在那所老宅后边，幽暗的云杉林中栖息着数不尽的椋鸟，日落前后叫声如密雨一般，有时几乎影响到他们练习。这种鸟性子活泼，爱炫耀，喜欢模仿其他禽类的唱腔，有时听多了他们的演奏，也能学着啼啭出某一段旋律来。尤京娜夫人是个孤僻而迷信的老太太，喜欢孩子，会好几种乐器，独自和一个老女仆在祖宅里居住。她对乡间的神怪传说和音乐家的典故同样精通，常在休息时向他们说上一段。说木精灵、水妖、雪姑娘、沼泽下的宝藏、树洞里的魔鬼；也说巴赫掷出的假发、莫扎特的桌球、勃拉姆斯的林中漫步……有一天傍晚鸟声如沸，盖住了她的讲课声，她只好停下，无奈地微笑。

"莫扎特的宠物，"她说，"紫翅椋鸟。这种鸟终其一生没旁的事，就是学唱到处听来的曲调，更多的是逞喉乱叫，它们是在找自己的灰烬之歌呢。"她说莫扎特曾在店中听到一只椋鸟唱出了他的协奏曲中的一段，惊喜非常，将它买回去精心饲养。几年后这鸟去世，莫扎特还给它举行了小小的葬礼。她说她儿时听一个教堂管风琴师讲过椋鸟的传说。

说是上帝每造出一只椋鸟，就造出一段旋律，和它灵魂的形状完全一致，藏在世间某处，让这鸟去寻找。也许在泉流中，也许在树梢的摇荡中，也许正盘旋在某个人的脑子里。椋鸟终日乱叫，探索着新的调子，也学它听来的任何声音，就是为找它的旋律。一旦被它偶然唱出，椋鸟的形体就会立时化作灰烬，而它的灵魂就钻进那旋律里，再也不出来了……那么，这只椋鸟就死了吗？古廖夫问。不是死，是进入了音乐的世界了，那是比尘世更接近上帝的地方……尤京娜夫人说她的母亲就目击过椋鸟成灰的过程。她母亲曾是莫斯科有名的大提琴家（这是她唯一一次提及亲人），十六岁时一天练习结束后，发现谱架上落了一只椋鸟。那鸟旁若无人，昂首鸣叫，竟然唱出了她练习了一下午的赋格曲中的一小节。

它起初唱得不太准，反复几遍，终于对了。忽然那椋鸟张大双翅，又合拢，黑色的身子扭曲成一团，顷刻间溃散成无数灰烬。灰烬在空中飘扬，她母亲看得真切，每一粒都是音符的形状。音符又破碎成更多更小的音符，随即飘散殆尽。她母亲发誓那是真的，但尤京娜夫人的祖父母都以为她是练习过度而产生了幻觉……这故事当时给古廖夫留下了极深的印象，此后他再也没听人说起过类似的传说。事实上，自从他十八岁离开故乡来到列宁格勒（当时还叫彼得格勒）以后，就几乎再没见过椋鸟了。

桌角的小座位钟忽然敲了七下，叮，叮，叮……一圈圈银亮的、冰凉的涟漪在古廖夫眼前扩散开来，驱走了幻想。窗外天已黑透。古廖夫开了灯。他听见灯光在电线中涓涓流过，然后从灯盏中溢出，照亮那些细小的零件和他的白发。他再次尝试着把心思聚拢在一只怀表的擒纵器上，却总也做不到。古廖夫叹了口气，正要关灯就寝，门却被笃笃地敲响了。

三、档案和蚁穴

档案室的桌上放着四份材料。这是警员库兹明花了两小时，从故纸堆中挑拣出来的。他意识到其间存在着某种关联，正在理清头绪。他拿起咖啡杯，啜饮了一口，从头看起。第一份是 1957 年 10 月 27 日夜间的一次出警记录。那次行动库兹明也参加了。他被指派在街边监听，确定乐声从哪个窗口传来，但他似乎出了差错。出警记录里简单地写着他们搜查了大学生瓦尔金的公寓，未发现举报信中所说的萨克斯管，于是收队；自然没提及那场令人尴尬的单簧管的误会。但是出于严谨的习惯，库兹明在他的记事本里记下了老人的名字。他在居民个人档案中找出了大学生的档案，顺手也找出了那老人的，都放在一旁，稍后一并细看。

第二份材料是一个"鲨鱼"的口供。所谓鲨鱼，是指在街头贩卖违禁品的流动小贩。口供的附件是一只证物袋，里边有一张 X 光片，印着一颗不知属于何人的颅骨。X 光片的边角已被裁去，剪成了一个不甚规整的圆形，正中央开了小孔。库兹明将它举到灯下端详，迎着光看见 X 光片的表面上浅浅地刻着许多圈细密的圆环，以那小孔为圆心，如同树木的年轮。他知道这是一种简易的唱片，音质差，也容易损坏，但因价格低廉，近两年在列宁格勒的地下音乐圈很受欢迎。黑胶的成本太贵，胆大妄为的青年就从医院里低价收购废弃的 X 光片，用来刻录官方禁止的西方爵士乐和摇滚乐，偷偷在街头兜售。X 光片的材质薄软，富有韧性，可以卷着揣在袖筒里，便于携带和交易。因为印着各部位的骨骼，被称为"骨碟"。列宁格勒至少有两三个团伙在大量生产骨碟，十分猖獗。这张骨碟正是从这小贩身上搜出来的。他处于渠道的最末一节，进货出货的量又少，没什么讯问的价值。口供里写道，他只知道到不固定的场所，向不认识的人（戴了墨镜和口罩）付款，再到指定的地点（储物柜或公园的石凳下）取货，对上游的情形所知甚少。他被判了两年劳改。

库兹明搬来一台唱机，将骨碟安上唱盘，那小孔正好套进转轴，然后放下唱针。那只颅骨便旋转起来，音乐随即飘出，像从颅骨里搜刮出来的记忆。杂音很大，淅淅沥沥，一个女人唱起来，像是站在细雨中雍容地唱着。连唱了五六首。库兹明听不懂英文歌词，不知是什么曲子，觉得并不难听。几曲过后，静了一会，他以为放完了，这时传来人声，用俄语低声说了几句，重又寂静。片刻后，响起了萨克斯的声音。像是现场录音。那乐声摇摇晃晃，先是奏出一段颇为动人的旋律，随后开始光怪陆离的即兴，架子鼓在一旁杂乱地和着，末了，响起一阵零落的掌声和口哨。这是一群人，库兹明想，是一次地下演奏会。他们不但翻录西方的爵士唱片，还在最后加进自己的演奏。据他了解，这种骨碟卖得尤其好。这也是区别于其他骨碟团伙的重要特征。

前几天那次落空的搜捕行动前，库兹明原想着如果能逮住吹奏萨克斯的人，也许能逼问出黑市里售卖萨克斯的线索，再沿着这条线索，没准能找到那个刻录骨碟、同时演奏萨克斯的团伙；运气好的话，也许吹萨克斯的就是那团伙里的人。然而失败了。一次小小的，但是可疑的失败。疑点一是，库兹明不太相信自己会辨错窗口，他的听力一向很好，而且他总觉得在楼下听到的乐声和老人吹奏的单簧管，虽然像，但似乎不尽相同。疑点二，是那老人吹奏的时机。那种集体公寓的墙壁薄，隔壁发生了什么老人一定听得清楚，在那样的时刻突然开始吹奏，这太奇怪了。如果老人是刻意打掩护，是不是说明真的有一支萨克斯存在？只是他们没能找到。疑点三，和案情关系不大，完全出于库兹明个人的好奇，即那老人提到的乐曲审查办公室是个什么机构？他以前听说过，但不甚了解，只知道那里被外界称为"圣所"，似乎颇为神秘，连机构位于列宁格勒何处他都不知道。

他拿过两个人的档案，犹豫一下，决定把更有趣的留在后头，先看大学生瓦尔金的。瓦尔金的档案很薄，毕竟还年轻。他埋头读了一会，只发现一处不寻常的地方：里边有一则记录，提到瓦尔金和一群奇装异服的青年阿飞有来往；在一次舞会中，有人用小号吹奏曲调颓靡的音乐，几个人跟着哼唱，其中有瓦尔金。接到举报的人民志愿纠察队破门而入，当场扭弯了小号，用剪刀剪掉了几个人颜色夸张的裤子和向上翘起的飞机头。因为小号也能演奏古典音乐，纠察队闹不清当时吹的是否违禁音乐。这事性质不严重，但也算有了音乐方面的前科，值得留意。此外没什么可供挖掘的信息了。

这时已过了夜里十二点半。库兹明正拿起古廖夫的档案，值夜班的另一名警员推门进来，问库兹明要不要一起喝一杯解乏。他客气地谢绝了。库兹明今年二十八岁，瘦小，安静，戴厚厚的眼镜，表情常过于正经，在警局里并不受欢迎，事实上常被人嘲弄。比起出外勤，他更情愿做些文职工作。当初他申请来这间分局，就因为这儿有全列宁格勒最大的档案室。他经常在下班后借了档案员的钥匙，几小时几小时地埋头在文件堆里。在那里他感到如鱼得水。其实他看的多半和工作无关，只是出于个人癖好。他没料到这癖好促使他锻炼出了卓越的资料分析归纳能力（多年后他将因这能力被招募进克格勃，从而得到权限看更多的资料），只是隐约地意识到，这种看档案的癖好和他小时候养蚂蚁的癖好，其实是同一种。

库兹明自小羞怯，文弱，习惯了受欺负，因此对其他警员的作弄处之泰然。他童年唯一的爱好是用玻璃箱盛满土壤，在里头养蚂蚁。蚂蚁们浑然不知巢穴的每个角落都已暴露在人类的目光中，依旧忙忙碌碌地挖掘，搬运，分泌，摇摆着触角。玻璃是多么奇妙的物质，让地底的秘密一下子变得直视无碍。他精心地伺候着它们，又频频制造着灾难，往洞口灌水，薰烟，间或随机碾死一两只蚂蚁，或者扔进一只马蜂。看着蚁群一团溃乱，他忽然意识到这原是属于上帝的享乐。库兹明每天迷醉地瞧着，摆弄着，直到有一天那玻璃箱被高高举起，在他的尖叫声中，被愤怒的父亲在地上摔得粉碎……而现在，他可以从容地坐在巨大的档案柜间，在明晃晃的灯光下恣意浏览，再也无人干扰。库兹明感到一阵幸福，他觉得整个城市都放进他的玻璃箱了。

他呷了一口咖啡，翻开古廖夫的档案，津津有味地看起来。

四、圣所

1901 年 8 月出生。乌克兰波尔塔瓦省密尔格拉得县人。父亲是乡村医生。1919 年进入彼得格勒音乐学院作曲系，成绩优异。1920 年春，在一次游行中被枪托砸中了额头，脑部负伤，因病休学一年。毕业后留校任助教，五年后升为讲师。1930 年，他的导师因一封不谨慎的书信被捕，古廖夫也接受了审问，最终被释放了。但他也失去了职位，有两年没有工作记录，不知靠什么维生。1932 年，他被列宁格勒市乐曲审查办公室招募了。工作期间表现良好，从未出过纰漏。1954 年，因丧失工作能力而获准提前退休。

库兹明翻到下一页，见到用回形针夹着一份诊断报告，时间是 1931 年底。报告里充斥着艰深的术语，库兹明只看懂开头几句："脑部曾受硬物撞击，造成短时间昏迷。伤愈后产生强烈的通感反应，主要集中在听觉方面，持续多年。"指的应该是 1920 年那次负伤，库兹明想道。末一栏的结论写着："经测试，通感五级，达到报送标准，予以推荐。"底下是医生潦草的签名。奇怪的是，这份报告是抄送给列宁格勒市文化管理局的。第二年，古廖夫就进入了那个被外界称为"圣所"的办公室。这两者间有什么联系呢？库兹明决定非弄清楚那机构不可。

直接询问是不可能的，他不是克格勃，没这个权限。他咬着指甲想了一会，去一个架子上翻出 1954 年列宁格勒市政府部门退休人员名单。十五分钟后，他找到了古廖夫的名字。那年他的部门只有他一人退休。库兹明又翻看前后几年的名单，发现去年有一个叫基利洛夫的人从乐曲审查办公室退休，名单上写了住址和电话号码。这是库兹明自己摸索出的诀窍：要了解一个机构，没有比审问退休人员更好的法子了。他们像飘坠在旁的枯叶，脆弱无用，却藏着整座森林的秘密。他随即抄起桌上的话筒。这是他惯用的另一招：在没有权力拘捕审问时，就以官方的名义在深夜给人打电话，无论他想问什么，被惊醒的人既想不到怀疑他的身份，也来不及构思谎言，都会在电话那端颤抖着吐露实情。

接电话的正是基利洛夫。老人似乎刚醒，嗓音浑浊。库兹明告诉他自己是民警局的，却不说什么事，只是亲切地问候他的退休生活。对方迷惑了，小心地说现在在为一家剧院工作。具体什么工作，他说得含糊，库兹明大致猜到了，这老人是凭借他多年的工作经验，给剧院提供指导，教他们如何修改歌舞剧的乐谱才更容易通过审查。库兹明又闲聊了几句，这才提起古廖夫。

"不算熟，"基利洛夫说，"没错，他过去是我的上级，很多年，不过我们除了工作外不怎么接触。很出色，他的能力是我们中最强的……"

库兹明问他们是怎么被招募的，以及这机构的运作机制。对方犹豫起来，似乎在怀疑他的权限。库兹明和蔼地说，没关系，如果电话里不方便告知的话，明天他可以登门拜访，或请他到警局配合调查。基利洛夫嗫嚅了一会，便把他知道的事情都说了出来。

1932 年，苏联作曲家协会成立后，官方决定设置一个专门的办公室，负责乐曲的审查工作。过审的乐曲才能在音乐厅和剧院公演，或出版乐谱。在此之前，审查工作由剧目审查总委员会总揽，采取的是委托专家制，即将政治方面无瑕疵、艺术方面有造诣的音乐家纳入专家库，委托他们负责乐谱的审查和评定。这时期存在的最大问题是专家的可靠性难以保证。一则艺术家之间要么有交情，要么有龃龉，难以确保不徇私，二则是专家本身也是创作者，也许今天还在专家库里，明天就被定罪；定罪后经他审定的曲目又得全部推翻，从头来过。必须要有更科学、更精细的审查制度。

最初的构想来自日丹诺夫同志。他创造性地提出将音乐转化为其他感官上的体验，如转成具体的图像来进行审查，从而将审查过程变得可见、可复核。他听取了多名科学家的建议，最终制定了招募联觉人的计划。联觉人即视、听、嗅、触、味觉相互连通，触此及彼的人。这些联觉人经过充分的政治教育、必要的乐理训练之后，就成为测试音乐安全性的可靠仪表。审查方式大致如下：让多名联觉人听同一首乐曲，将音乐在他们脑中激起的形象分别记录下来，再比对多份记录，由等级更高的联觉人筛选把关，就能在很大程度上弥补联觉的不确定性：例如同一段旋律，有人听出了雾霭，有人听出了湖泊……最终得出一份针对音乐内容的形象化描述，由主管领导对这份描述进行意识形态方面的审查。这是最接近科学，或者说看起来最科学的音乐审查办法了。

个别音乐界人士提出了异议，认为标题音乐指向具体的意象，也许可以这样操作；可无标题音乐只是乐音的单纯流动，或蕴含某种难以言说的情绪，怎么能用印象派的方法来剖析意象呢？日丹诺夫同志一针见血地指出，没有反映深刻社会内容的音乐，就是脱离了实际的形式主义音乐。完全的无标题是不允许的，送审时必须标明乐曲的基本内容。他还风趣地举例说明：顾客在吃一道菜肴前，要求厨师说明菜肴的原料，是理所当然的权利。发言在热烈的掌声中结束。最初提出异议的几位鼓掌得尤其使劲，大颗的汗珠从他们苍白的脸颊边震落。他们似乎听见了笔尖在自己名字上划线的声音。

该方案得到了斯大林同志的大力支持。1932 年在列宁格勒试点运行，两年后在各大城市推广。乐曲审查办公室是出版保护总局和文化管理局的联合机构，它将原先分散在多个部门的音乐审查职能集中起来：审查演奏会曲目、待出版的曲谱集、歌剧乐谱（歌词由其他部门审

查）、电影配乐（剧本由其他部门审查）……它的标志是一面刻着五线谱的银盾，意味着护卫全苏联人民的耳朵。1948 年，日丹诺夫病故后，他的继任者"灰衣主教"苏斯洛夫保留了这一制度，并扩大了办公室的编制。

办公室设在西郊一所修道院的楼上。这座建筑相当古老，白墙蓝顶，隐没在深浓的橡树林中。修道院在革命后关停了，二楼改成博物馆，堆积着一幅幅从各处拆毁的教堂里卸下来的圣像画。这儿名义上是博物馆，可从不对外开放，只能说是一座文物仓库。联觉人每天上下班，都要从那些圣像画前走过，穿行在灿烂的图案和静穆的面容之间，无可避免地产生种种难以言喻的幻象。他们多数不苟言笑，脚步迟缓，真的像一群修士。经过一条旋转楼梯，就进入三楼的审查办公室。

每天上午，都有一大摞乐谱投递到一楼的传达室。办事员先将作者姓名登记在表格中，填上一个编号；检查乐谱上是否有署名，有的话用墨水涂掉，再用号码章盖上相应的编号。这是为了确保公正性。然后才将这份匿名乐谱放进传送文件的小电梯，穿过中间楼层的圣像仓库，升到三楼。三楼划分成许多隔音的小间，每人一间，一般配有一张办公桌和一件乐器。审查员按谱演奏一番，闭目感受，然后详细地写出眼前浮现的景象，有时也记下气味、味道和触感，作为评定的佐证。有的作曲家偷奸耍滑，自己也说不清这曲子讲的是什么，只好随手安一个标题，如伏尔加河的波涛，白净草原的月光；雄壮些的曲子就写钢铁厂热火朝天的轰鸣，原野上呼啸而行的火车之类，期盼能撞上大运，恰好和某个审查员听出的意象相符。这样的概率极低。通常一份乐谱由五名联觉人审查，提交的描述报告经古廖夫复核、汇总，最后才上报给主管。通过审查后，再由传达室按编号查出作者姓名，通知其领取排演许可证和出版许可证。未通过的不另行通知，直接销毁乐谱。作曲家们背后将审查办公室戏称为"圣所"，不光因为那儿原是修道院，也因为内部过于神秘，甚至有人传说那里每天焚烧乐谱的火焰从不熄灭，就像圣所里的七枝长明烛台一样。作曲家之间常这样对话：最近写了什么？别提了，又给圣所供奉了两支蜡烛。意思是刚有两篇作品被烧掉。这种污蔑是很不负责的，因为审查办公室四十年代起就用碎纸机处理乐谱了。

基利洛夫从小就有敏锐的通感，一度给他的生活造成困扰。他听到急剧的刹车声，嘴里就会涌起浓烈的橡胶味；器乐一响他眼前就游动着一团团色块，颜色随着曲调变幻；有时嗅觉和触觉也会联通，如闻到柏油味时他手心便感到一阵黏稠，几乎无力张开。他们这样的联觉人通常都深居简出，出门都得戴着耳罩和墨镜，没法胜任正常的工作。物质世界对他们的刺激太大了。他的神经科大夫看到了官方通告，推荐他去报名。经过了一轮又一轮受刑般的考核后——无非是给他们听各种怪异声音，要求描绘出脑海中出现的画面——他和古廖夫同年被录用了。听说古廖夫是事故导致的后天性通感，但他的通感等级是最高的，又曾在音乐学院任教，业务能力无疑最出众。

在圣所中，只有古廖夫的隔音间不设乐器。他有很强的内心听觉，不用试演，只要读谱，就能看见音符深处潜藏的形象。一般人因音乐产生的幻象是一团朦胧的色彩，飘忽不定的线条，古廖夫能把它们凝聚成具体的事物，描述出来，几乎十中八九，简直像占卜术或特异功能。他似乎能沿着曲谱追溯到作曲者创作时的心中所想，乃至潜意识里掠过的景象，就像品酒师一沾杯沿，就能说出葡萄生长时的阳光雨露；或者如古生物学家，从一小截指爪化石中还原出巨兽的身影。曾有个别作者不忿作品被毙，层层申诉，直到看了古廖夫写的描述报告，才记起构思时脑中一闪而过的画面，只好服气。据说古廖夫的校友肖斯塔科维奇也对他这项本领叹服不已。

古廖夫的工作态度是很严谨的。有一回他们审一首嬉游曲，一个审查员的描述是"阳光下旋动的花环"，基利洛夫的描述是"草地上一群孩童牵着手转圈圈"，其他人大致相似。古廖夫看了半晌，说，孩童们是在欢笑着做游戏，但笑得有些虚假；你们没注意到大提琴在低音部阴恻恻地徘徊吗？有个人拿着武器在一旁逡巡，监视着他们的欢笑。这是什么含义，你们好好想想。基利洛夫被他说得直冒冷汗。那个作曲家没通过审查，觉得冤枉，把曲谱送去莫斯科的审查办公室，结果过审了。演出反响不错，但半个月后，《真理报》上出现了严厉的批评文章。作曲家害怕得自杀了，莫斯科的同行也受到了处分。

库兹明用肩膀将话筒夹在耳畔，一手飞快地记着笔记。这和萨克斯管的事件毫无关系，甚至证明了古廖夫在音乐方面一贯小心，深知利害，不太可能会做出包庇他人的行为。库兹明只是觉得满足，像窥见了蚁穴中一条隐秘的隧道。他最后问了几句古廖夫的私生活。

基利洛夫的答复仍是了解很少，因为神经太敏感，他们业余时间都没什么社交活动，大多是闭门独坐。古廖夫的症状比他严重得多，有时甚至分不清真实与虚幻。有一次基利洛夫在午休时走进古廖夫的办公间，看到窗外的常青藤因无人修剪，已经缠上了窗沿，就在闲聊时抚弄起那枝叶。古廖夫略带惊讶地说：

"啊，那些叶子是真的啊。我还以为是上午读谱后看到的幻觉呢。" 年复一年，他一张接一张地读谱，每一张薄薄的乐谱上都升腾起一座庞大而沉重的蜃楼。直到 1954 年，古廖夫的神经终于受不了那些幻象的压迫与侵蚀，他晕倒在办公桌前，因为在隔音间，直到傍晚才被人发现。医生的诊断是神经过度衰弱，不能再进行脑力劳动了。他退休后，基利洛夫再没见过他。

可怜的老家伙，库兹明想，他正要挂上听筒，重新看一遍大学生的档案，忽然想起一事，随口问道："他的单簧管吹得好吗？"电话那头沉默了一下，传来疑惑的声音：

"单簧管？怎么可能。乐谱已经够他受的了，何况是真实的音乐。他几十年没听过一场音乐会，更别提自己演奏了。"

五、似是故人来
访客离去时已是深夜。古廖夫仍呆坐着，听着满屋指针徒然地颤动，疑心方才是一个离奇的梦。他觉得似乎哪里不太对劲，又说不清，像刚装好一块表，却发现多出了一枚齿轮。这一晚剧烈的情绪波动，弄得他疲倦不堪，无法思考了。

"请问，您是古廖夫同志吗？"门开后，一个衣着破旧的老人站在走廊里，凝视着他的脸问道，古廖夫一时想不起来者是谁。他脸上的皱纹比古廖夫更多，纹路更杂乱，但绽开时有一种孩童的光彩。

"是的，您是？"

"哈，真的是你，谢廖沙（谢尔盖的昵称）！你不记得我了吗，我是穆辛啊，德米特里·德米特里耶维奇·穆辛，从前和你一道在尤京娜夫人那儿学音乐的。"

"米佳（德米特里的昵称）？是米佳，蝌蚪米佳！我们多久没有见面了……"

"四十，不，五十年了。"

古廖夫握着他的手，引他进屋。屋里没有茶炊和点心，也没有酒，只好给客人倒了杯水。古廖夫把唯一的椅子让给他，自己坐在床沿，两个老友亲热地聊起来。古廖夫多少年没这样激动过了，右额边的神经轻快地抽动起来，他说："从前我比你高一个头哩，你瞧，现在我们一样高，也一样老了。"

"老人和老人都有些相像的，"穆辛说，"这些年你过得怎么样？我在狄康卡听人说，你已经成了列宁格勒的音乐专家了。"

古廖夫觉得尴尬，没有接话，他问道："狄康卡现在怎么样了？听说成了集体农庄？那些树林还在吗？草原是不是被开垦成农田了？还有你最喜欢的伊宁深水潭……我记得那潭水上层是青绿色，潭底的水因为长年浸泡着松针，是深棕色的……"他热切地说着，仿佛此刻就闻到了松树皮的气味，青苔和蛛网的气味，黑麦扬花时略带甜味的清香，野草被太阳晒得热烘烘的香气……

"都在的，一点变化也没有，我成天都在那些老地方游荡呢。林子里永远那么幽暗，星星明净得像冰渣，晚霞还是那样凝重地燃烧……连鸟叫声都没有一点变化：云雀，鹬鸟，红额金翅雀，夜莺，红胸鸲，还有那些紫翅椋鸟……"古廖夫的眼眶里泛起久违的温热。发生了那么多事：战争，饥荒，清洗，动荡……而他们此刻竟完好无损地坐在一起，谈论着圣境般的故乡——只不过他们都被岁月磨蚀得不成样子了。"那么，米佳，这些年你都在做什么呢？你还吹单簧管吗？"古廖夫记得，穆辛的天分一直在他之上，当他还在苦学乐理时，穆辛就能写几支小曲了。

穆辛凑过头来，像是羞怯又像故作神秘似的微笑了一下，压低声音说道："其实我这些年来一直在作曲。写得不算少了，我自己给作品编了号，已经到了 op. 116 了。不过一次也没公演过。上个月，我决定就此搁笔，但想找一位行家看看，我埋头写了一辈子，到底是个什么样的水平。谢廖沙，您愿意帮我看看吗？"他不知从哪掏出厚厚一叠谱纸来。

古廖夫心里暗了一下，头皮发紧，但实在说不出推却的话，他接过来，点点头，从第一页看起。几分钟后，他听到脑中有一阵冰层开裂般的声响。他认得这曲子的质感。他一页页翻去，多变的曲风下是独特的幽深与明澈。竟然多数都是他记熟的。古廖夫全想起来了，前些天他信口吹出的，正是眼前这故人的曲子。

大约从 1937 年起，古廖夫注意到，在投寄到圣所的稿件中，定期会出现一份令他暗暗钟意的作品，虽然都是匿名，但他认出是同一人的手笔。这人各种体裁都写，风格变化多端，起初走的是强力集团的路子，模仿穆索尔斯基的浓艳色彩；后来又遁入巴赫的殿堂和勃拉姆斯的迷雾；在几首小品中他几乎完美拓印了门德尔松的闲静和舒伯特的清朗；有一阵子他比萨蒂还要萨蒂。他把巴洛克风格、古典主义、浪漫主义、印象主义甚至无调性音乐都尝试了个遍，后来融成一种极其鲜明的特质。古廖夫从中看出了大多数来稿所无法比拟的光芒。他留了神，每次收到这人的作品都先暗自赏玩一番。这些旋律引起的幻觉并不让他难受。另一方面，他并非只专注于通感方面的审查，对世事一无所知，他明白就算自己网开一面，给予通过，这人的作品在意识形态方面也是不可能过审的。甚至可能因此遭到批判。他觉得自己是保护了他，使他免于更大的灾祸。不谈其中的意象，单是他的技法就过于精致深微，很容易被扣上形式主义的帽子。上头热爱的是简单、昂扬的旋律，是工人们头天夜里听过，第二天上工时就能哼唱出来的曲调，那才是对群众有益的音乐。有几次，他壮着胆，将他尤其珍爱的几首报送上去，结果很快就挨了领导的批评。他不敢再试探。在他退休前的最后几年，那人不再有作品寄来了。

他放下谱子，渐渐感到一片荒芜在胸口蔓延。他愧疚地看着灯下故人的面孔，无法遏制两个念头在心里纠缠：是我毁掉了他的一生……我也浪费了自己的一生……古廖夫努力地告诉自己，即便自己不将穆辛的稿子毙掉，也会由别的人来毙掉；他这关过了，往上还有办公室主管，那个不学无术的秃子，只会像审批文章一样审批他们的描述；即便在他那儿也通过了，再往上就是危险的公演，乐声像瓶中的魔鬼，一旦释放就无法再收回，万一飘入了某只厌恶它的尊贵的耳朵里，一切就全完

了……

　　"怎么样？"穆辛轻声问。

　　　　　　　　"写得很好，"古廖夫抬起头，一字一顿地说："我非常喜欢它们。"

　　"是真的吗？你不是在安慰我吗？"

　　"是真的，米佳。写得很好。"

穆辛的嘴唇半张着，微微发颤，像要说什么，却叹出一口气，继而微笑起来，眼睛已经湿了。古廖夫避开他的目光，看向桌上那堆钟表，问道："那么，这些年除了作曲，你都在做什么呢？"

穆辛没有回答，沉默了一下，忽然欢快地说："我近期打算举行一场小小的演奏会。就演奏我的 op. 116，一首单簧管五重奏。我试写过几首交响曲，放弃了，我没有那样宏大规整的气质。协奏曲也不行。最后我发现最适合自己的体裁还是单簧管的室内乐。这首五重奏是我最后的作品了。我摸索了一辈子似乎就为了写出它——你还记得尤京娜夫人的话吗

——就像椋鸟找到了它的灰烬之歌。它不是伟大的，却是独一无二的，是和我灵魂形状最契合的容器了。只要听它被演奏上一次，我就再也不奢求什么了。"

"这么说，"古廖夫难以置信地问，"你拿到排演许可证了？"他想，我离开得太久了，没准现在审查标准不像从前那样严了，或者审查员的能力不够；也可能，不再有审查办公室了？这念头使他宽慰，又有些怅然。

穆辛像没听到似的，站起身，接着说："我想邀请你作观众。我自己吹奏单簧管。乐队已经在筹备了。过两天，等我们准备好了，我就来通知你。"他兴致勃勃地说着，道了别，就推门而去。古廖夫想送他，追出去时，走廊上已没了他的踪影。

临睡前，古廖夫躺在黑暗中，听着身畔密密的滴答声。回忆从声音的缝隙中渗入，渐渐将他淹没了。他想起在尤京娜夫人宅中度过的漫长而宁静的夏天，微风扬起乐谱的一角，想起那些树影，总是温和地覆盖着庭院，想起他和穆辛在林中追逐，穿过一束束朦胧的光线，来到伊宁深水潭边，那片神秘的水面，在密林间闪烁着微光。在棕色的潭底，有一个小小的洞口，很深，据说一直通往冥河，村里最勇敢的小孩也不敢往里头潜游。他想起穆辛最喜欢在那水潭中游泳——他之所以被人叫做蝌蚪，不光是瘦小，还因为总爱呆在水里。古廖夫忽然明白，穆辛当时就已被他的作曲天赋折磨着了，他说过浸在水下，就听不见脑子里的音乐声了……古廖夫又想起他们过去常被村里的其他孩子欺负。直到有一天，他灵机一动，转而和他们一起欺负起穆辛来，而且欺负得最起劲；那个小群体很快接纳了他。他此刻终于意识到，这件小事是另一件事的排演，是预兆；他正是在多年后投入了另一个群体，转而欺凌起他的同类，毁掉他们的心血……也许我是天生的叛徒。古廖夫沉痛地想。他记得穆辛总是在反抗，神情愤怒又茫然，不明白世上为什么会有这种无缘无故的欺侮。古廖夫想起有一天，穆辛被追打着，跃入了潭中，他冒出头来，大声说他要潜进那洞口了，几个孩子嬉笑着，说他没这个胆量。

古廖夫呆呆地站在岸边，看着他倔强的头颅消失在潭面上…… 古廖夫猛地睁开眼，坐直了身子，像刚从深水中探出头来一样，大口地喘着气。他想起来了：穆辛那天没有浮上来，他就此消失在潭底的洞中了。大人们打捞了几天也不见踪影。他母亲伏在岸边放声大哭的样子古廖夫还依稀记得——穆辛死了，半个世纪前就死了。

六、幻乐

尽管民警库兹明对古廖夫起了挥之不去的疑心，他依然认为案件的突破口在大学生瓦尔金身上。古廖夫一反常态的演奏，恰恰点出了他邻居的嫌疑。他决定继续盯瓦尔金的梢。只要拿到他的罪证，古廖夫的包庇罪（更可恨的是愚弄警察的罪过）自然也就成立，而不是反过来。这天夜里七点钟，瓦尔金离开公寓，吹着口哨，向城市北面走去。他踩着街边的落叶，一路望着枯枝间升起的红月亮，陶醉在深秋的风物和年轻人毫无理由的欢快中，对身后的跟踪者全未察觉。

往北就进入了郊区深处，房屋渐少，景色愈加萧索。这一带散布着一些孤岛般的别墅，主人只在夏季里来住上几天，其余时候都锁闭着，花园里草莽横生。别墅间是大片的野地，除了几株鸟爪似的枯树伸向夜空，没旁的遮蔽物，库兹明不敢跟得太近。月光下，只见瓦尔金的身影在荒野上轻快地前行，不像信步闲游，倒像是有所奔赴。库兹明预感到这一晚将会有收获。

直走了两俄里，野草间浮现出一条松软洁白的土路，路尽头升起一幢房子漆黑的轮廓。那应该就是他的目的地，库兹明想着，加快了脚步，没留神踩断了一截枯枝。毕剥一声轻响。瓦尔金蓦地停下来，一动不动地站在路中央。库兹明以为自己暴露了，正要匍匐到草地上，却见他没有回头，只是缓缓转向右侧的灌木丛，像在谛听着什么。这时库兹明也听到了：一阵枯哑的呜咽声，夹杂着含混不清的话语，从灌木丛后边断续飘来。只见瓦尔金的身影犹豫着凑过去，隐入灌木丛的暗影中，片刻后，传来他的惊叫："啊，怎么是您！谢尔盖·谢尔盖耶维奇，您这是怎么了？"

穆辛登门后的几天里，古廖夫总是心神不定。傍晚时他丢下未完成的工作，出门透透气。刚走出公寓，就见到穆辛正站在街对面的椴树下，身上还穿着上次那件破旧的大衣，正冲着古廖夫招手，示意他过去。古廖夫惊疑不定，脚下却不听使唤，过了马路。穆辛看起来精神焕发，微笑着说：

"咱们走吧。演奏会就在今晚。"

古廖夫再次向他确认曲目是否过审。穆辛没搭理，抬脚就走，古廖夫不由自主地跟着。两人渐渐出了城，步入一片野地。这时霞光未泯，深红色的天空显得哀艳。草树，岩石，泥沼，泥沼中的汩汩流水，远处几座零落的房屋，被他们惊起的一群鹬鸟，还有鹬鸟的聒噪声，白天时迥然有别的万物，此刻都被黑暗熔铸成同一件事物了，巨大而阴森，消泯了各自的边界。穆辛一路兴冲冲地向他数说着演奏家的名字：第一提琴手、第二提琴手、中提琴手、大提琴手……古廖夫越听越觉诡异。这些人都是他年轻时热爱过的大师，但已经多年没听到他们的消息了。其中有两个还在服刑，就算活着出来也很年迈了；有一个据说已被枪决。古廖夫想，和我说话的一定不是穆辛，是穆辛的鬼魂，他组建了一支亡灵的乐队……穆辛滔滔不绝地解释着，为什么某个位置要由某人来负责，换成另一位演奏家又为什么不行；他自己的单簧管技艺虽然远未臻完美，但那曲子是他写的，简直是从他肺腑间飘出来的，再没有人比他更适合吹奏了；他说这样一来，每一位演奏者都是最理想的，而古廖夫就是最理想的听众。古廖夫凝视着暮光中那张苍老而神采奕奕的面孔，终于忍不住问道："米佳，你真的是米佳吗？可我记得……"

"耐心点，谢廖沙，"对方像早料到似的，镇定地说，"你很快就会明白了。" 又走了一会。古廖夫忽然觉得景物有些眼熟，正在琢磨，穆辛领着他偏离了小路，绕过一片灌木，那儿藏着一个小小的水池，浊绿，池边躺着一块平坦的大石头。他们拂掉石上的枯叶，并肩坐下。古廖夫越发疑惑了，这地方他分明来过，只是无论如何想不起来。他转向穆辛，见他手里凭空多了一件雪白的物事，凝神一看，是那叠乐谱，他递给古廖夫："你好好看看它，就会想通一切的。"

古廖夫翻看起来。看了一会，右额的神经又开始抽搐，他定定神，忽然发现纸张越来越淡，渐趋透明，那些音符全无所凭依地浮在空中，顷刻间，音符也消失了。他的双手虚托着，茫然瞪视着前方。

"你明白了吗？"穆辛说，"根本就没有谱纸，那些曲子是印在你心里的——它们全是你写的啊，谢廖沙。"

古廖夫又听到脑中的响声。这次是冰川崩裂般的轰然。他捂住两侧太阳穴，低下头去，几乎透不过气来，过了很久，能说话了，才问道：

"这么说，你不是米佳的亡灵。你也是我的幻觉？"

完全黑下来的天空中，忽然飘来一阵琉璃般的清响。那是鹤群的鸣叫。它们的身影雪片似的从荒野上空翩然而过。穆辛沉默地凝望着，直到鹤群彻底消失在黑暗中。

"是这样，谢廖沙，"他说，"或者说，我就是你，我们是同一个主题的不同变奏。"

古廖夫脑中的轰鸣渐渐止歇。忽而哗的一响，如同一张对折的地图被倏然展开，他望见了记忆的另一半疆域。

早在少年时代，古廖夫就梦想成为作曲家。当他第一次听到自己谱的曲子，从单簧管中生涩地冒出时，这念头就形成并旋动起来，星云一般在他体内扩张。更早一些，学音乐之前，他一度以为乐曲和山峦、甲虫、云彩一样，是自然界中固有的事物，从没想到竟能由自己创造。那体验或许只有造物者能比拟。乐思在脑中流转的时刻，他切实地感到自己的存在，在茫茫宇宙中，一个微小而确凿的点，释放着光焰。中学期间他就写了相当多的习作。考进彼得勒音乐学院，在他是意料中事，好处是眼界得以开阔，缺憾是远离故乡，只能在梦中和曲中摩挲那些林梢和山脊。

此后多年，无论境况如何，他从未停止过作曲。那次负伤引发的强烈通感，并未令他的才思减退，相反更加沛然；只是神经时常过度疲劳，因为要应付那些纷纷扰扰的幻象。目睹了导师的遭遇后，他明白时局险恶，纸上的一切都能构成证据，从此只敢在心里谱曲。边构思边记忆的习惯，意外地令他的曲风更加洗练。进入审查办公室后，生计有了保障，水平也在摸索中稳步提高，可新的困扰接踵而至：他每天在那些蹩脚作品中周旋，忍受着它们带来的乏味而合规的幻象，还得硬着头皮让它们过审，去蹂躏更多的耳朵，他想听到自己作品上演的渴望越发炽热。工作的第五年，古廖夫终于冒险做了一次试探，向圣所投寄了自己的作品。署名时，他迟疑许久，签下了童年伙伴德米特里·德米特里耶维奇·穆辛的名字，因为他已经亡故，万一要追究作者责任，也无从追究起；同时也是为了纪念这早逝的天才。几名审查员的描述报告很快递交到他手上，结论全是有害的，他感到意料中的失望和释然。后来他开始频繁地投寄作品。他把这事当成创作后的仪式，定期的排解，一种绝望的游戏，像往深渊中抛掷着珠宝。有几次，谱子竟然通过了他手下的几轮审查，放到了他的桌上，他惊喜，随后忧惧，担心真的上演会招致不测之祸。他把手下喊来批评了几句，自己毙掉了稿件。

更大的困扰是，作为一个敏锐的创作者，他在审查那些粗糙作品时受到的折磨是加倍的，他的神经已十分衰弱；另一方面，在日复一日的审查中练就的警惕目光，开始在创作时转而注视着自己，常常令他手足无措，惊散了正在凝聚中的音符。不能再这样下去了，他暗想，终于构想出一个方案：他强行控制自己，在作曲时绝不动用审查员的思维；在审查时刻意抛开创作者的品味。他还制定了详细的惩罚措施，严格约束自己。经过几年的苦心孤诣，他做到了让两者之间泾渭分明，同时又能切换自如。在审查时，在生活中，他是古廖夫，谨小慎微的古廖夫；在心中作曲时，他叫穆辛，他想象中的穆辛，他的面容也有了穆辛的天真和执拗。这方案还有一个好处，就是他可以完全从读者的视角来观望自己的作品，摒除了作者难以摆脱的自我陶醉。在四十岁那年，古廖夫终于确认了自己的作品是非同寻常的，是宝贵的，是不可替代的——虽然这时他已经认不出这匿名作品出自何人之手了。这样的状态维持了十多年，直到他的神经系统彻底崩溃。他匍匐在桌子下，歇斯底里地叫喊起来。在医院中，他以古廖夫的身份和记忆醒来。

古廖夫看着穆辛（我们姑且还叫他穆辛吧）的脸庞，认出了和自己的相似之处，他脸上呈现的是另一种衰老的方式。古廖夫渐渐平静下来，回忆来龙去脉，追溯到那个危险的雨夜，他无意中吹出了一段过去所写的旋律，这才唤醒了作为穆辛的自己。月亮已移到中天了，在池心冷冷地摇烁。池面上流动着淡蓝的雾霭，四下凄冷起来，除了叶丛里的风声，别无声息。古廖夫想起了这是过去自己常来的地方。他喜欢把这小水池想象成伊宁深水潭，把身后的灌木当作故乡的密林，坐在其间，他觉得心神安定，思虑也澄澈极了。时常在下班后，他就迫不及待地步入荒野，来到这里，端坐在池边石上，渐渐由古廖夫变成穆辛，然后便开始在虚空中捕捉旋律，从风露里，从草木的香气，从池水的涟漪，从群星深处采撷着无尽的音符……穆辛把手放在古廖夫的肩上，打断了他的沉思：

"让我们来准备演奏会吧。"他朗声说。

古廖夫不解地看着他。穆辛说，我们的演奏会不是真实的，但比真实的更好。我们在幻想中演奏。不是内心听觉那种淡薄的幻想，而是盛大的，严密的，不易飘逝的幻想。我来想象出每一位演奏家，想象出他们各自的风格——当年他们的技艺是怎样地令我迷醉，那印象永不会磨灭。你帮忙想象出乐器就行。说着，他站起身，闭上眼，双手摊开着，过了片刻，手掌间出现了一团雾气，他拉伸着，揉搓着那团雾，渐渐摆弄成一个人的大小，各部分都有了颜色，身体是黑的，面部是白的。再过一会，就成了一个穿着黑色燕尾服的男子，只是五官不太清晰，像笼着薄雾。穆辛说，我想象不出他们老了的样子，就让脸模糊着吧。这位是大提琴家。他又依次弄出中提琴家、第一和第二小提琴家。古廖夫连忙着手想象出乐器：斯式琴，瓜式琴，音色，尺寸，颜色……乐器不难，很快也出来了，飘到了每一位的手中。穆辛拿着的单簧管和古廖夫房中那支完全一样。他示意古廖夫坐好，看了一圈其他的演奏者，点点头，在记忆中翻开了谱本。演奏开始了。

先是安静了一会（安静也是乐曲的一部分），随后小提琴轻柔地奏出第一乐章的引子。缓慢，几乎凝滞，暧昧的引子。古廖夫眼前流淌开一层青碧，中提琴又往深处添加了一抹暗棕，温柔地摇荡着……啊，是伊宁深水潭，他和乐队已来到了潭边。周围的灌木瞬间伸拔成苍翠的大树，清荫覆着水面，古廖夫又闻到了浓郁的针叶气味……忽然间，乐队停下了演奏，都惊恐地看着古廖夫身后。古廖夫觉得背脊发凉，回头看去，见到一株橡树后站着一个男人，露出半张脸，正冷眼望着他们。那人留着八字须，身穿灰色的弗伦奇式军上衣，挺着肚腩，脚蹬长靴。穆辛对古廖夫叫道："是你的幻觉。你别去想他，他就不存在了。"可那男人依然在，且缓缓走近，他不说话，只是面无表情地审视着所有人。古廖夫抱着脑袋，喊了一声。那男人，树林，潭水，乐队，全都消散了。

他睁开眼，见到穆辛跌坐在小池塘边。

　　"发生了什么？"古廖夫问，"那个人是？"

"是你的恐惧，"穆辛虚弱地说，他的身体也变淡了，"是你的恐惧引发的幻影。你只要稍一担忧，想到我们的演奏是非法的，是危险的，会被人发现的，他就出现了；你想得越多，他就越清晰。刚才我瞧出来，他的脸好像是斯大林和日丹诺夫的混合物。"

"我也不想这样，"古廖夫低下头去，"明知我们是在幻想中演奏，可我还是管不住潜意识里的害怕……我甚至担心过他们会不会有什么仪器，能监听我们脑子里的声音……"

古廖夫一生积攒下的挫败感，在这一刻突然汹涌而至。他想起年轻时，有那么几年，毫不怀疑自己是个天才，他忘情地写着，稚拙的作品曾备受师友的夸赞；他沉醉在自己手造的光芒里，对未来满怀热望，相信自己能成为任何想成为的人物……他想起一个醉醺醺的夜晚，他坐在音乐学院的广场上，旁若无人地指挥着月光下飞驰的云影，澄鲜的乐句像从天外直灌入他的灵魂，他在黑暗中放声大笑……可到头来他又做成了什么呢？如今他跌坐在岁月的尽头，沮丧地认识到，这一生非但不是幸福的，甚至也不配称为不幸，因为整个的一生都用在了战战兢兢地回避着不幸，没有一天不是在提防，在忧虑，在克制，在沉默中庆幸，屈从于恐惧，隐藏着厌恶，躲进毫无意义的劳累中，期盼着不可言说的一切会过去，然后在忍受中习惯…… 古廖夫再也绷不住了。他捂着脸，在荒野中嚎啕起来。

七、地下室的骨碟
睁开眼时，古廖夫见到一只嗅盐瓶正从面前移开。氨气的味道像钢刷似的搓着他的意识。他发现自己躺在一间陌生客厅的沙发椅上。花萼形的灯盏投下一圈淡黄的光。昏暗中，家具大都披着白色防尘罩，像一些棱角分明的雪山。几张年轻的脸孔正关切地瞧着他，其中有他的邻居瓦尔金。

半小时前，在那水池边，他摇着古廖夫的肩膀，试图把他从谵妄中唤醒，但没有用，老人只是狂乱地哭叫着，不停地胡言乱语。瓦尔金是医学院二年级的学生，但平日沉迷爵士乐，荒废了学业，一时不知所措。他只好搀扶起古廖夫，绕出灌木丛，向路尽头那所别墅走去。

库兹明听到瓦尔金喊出谢尔盖·谢尔盖耶维奇时，完全没料到会是古廖夫；当他望见
　古廖夫憔悴的面容出现在瓦尔金身边时，心头乱跳起来，相信自己的预感就要被证
实。他盯着两个身影在月光下歪歪斜斜地走着，进了别墅的院子，响起了敲门声，随
后是几声惊呼和低语，门砰的一声关上了。他轻步上前，伏在铁栅栏外的草丛里，探
　　　　　　　　　　　　　　　　　　　　　　听着房中的动静。

"您还好吗老大爷？"瓦尔金问，"您怎么会独自坐在野地里，需要我们送你去医院
吗？"

古廖夫环顾四周，穆辛已经不见了。他愣了一会，解释说自己的神经出了毛病，休息一会
就没事了。

其中一个高大的青年俯下身来，握着他的手说："伊万（瓦尔金的名字）都告诉我们了，
前些天是您救了他，也就是救了我们。我们都很感激您。"

　　"这是什么话，"瓦尔金说，"我被抓了也不会出卖你们的。"

一个姑娘用一块冰凉的毛巾擦着他额上的汗。古廖夫觉得好些了，坐起来，问这是哪儿。
"离你昏厥的地方不远的一间房子，"瓦尔金说，他指着那高大的青年，"是彼得家的别
墅。"

彼得说："听说您的单簧管吹得棒极了。我们也是玩音乐的，今晚正要排演呢。您待会要
是觉得好些了，可以下来听听。"

　　"别听他的，"那姑娘说，"您需要休息。"

过了一会，他们都散去了，只留下那姑娘照看他。古廖夫见她频频往楼梯那边张望，就
说："你也去吧。我没事了。如果不介意的话，你扶我一道过去吧，我也想见识一下。"

　　　　　　　　　　　他们走近楼梯后的墙角，见到地上盖着块厚木板，是地下室的门。
一缕歌声从缝隙中飘出，是妖冶的紫红色，丝绸的质感。姑娘喊了一声，木板被掀开了，
瓦尔金和另一个青年忙爬上来，搀着老人下去。一盏雪亮的大灯，照得地下室有几分森
冷，年轻人的脸上都带着愉快的微笑。古廖夫见到一旁放着几样乐器：钢琴，萨克斯管，
架子鼓。当中是几台怪异的机器。一张黑胶唱片旋动着，发出一个外国男人的哼唱，唱机
通过几道细长的带子和另一台机器相连，一张黑色薄片在一根钢针下吱吱转着，被划出一
圈圈密纹，针尖边上涌出一些锯屑似的东西。他凭着钟表维修的经验勉强看出这玩意的运
作机理，似乎是在刻录唱片。那黑色薄片上印着一只苍白细弱的手掌，他仔细一看，是手
掌的骨骼。

　　"这是在干什么？"他问。

"在录歌呢，一种叫摇滚的音乐。"彼得说。他坐在一旁的架子鼓前，陶醉地扬着手里的
鼓槌，像个指挥家；瓦尔金抱着金灿灿的萨克斯管——他担心拿着它走出公寓会被人瞧
见，昨天夜里，他的同伴爬上公寓的天台，垂下一根绳索到瓦尔金窗前，把那只装着萨克

斯管的木箱吊上去，沿着天台一直走到街尾那栋楼的房顶，再慢慢搬下楼，趁夜色把它转移到了这里；一个俊美的小伙子举起了小号。这时歌声将尽，他们开始演奏起来。

古廖夫暗暗忍受着一阵怪异的幻象：蘑菇云，鸽子，穿着宇航服的恐龙，古堡的幽灵……他立马意识到这是违禁的音乐，警惕起来，摆脱了幻象。他想打断演奏，提醒他们这样的音乐是危险的。然而在银白的灯光下，他看见一张张快活、骄傲、没有丝毫恐惧的面容，他们的神情里浮动着一种耀眼的幸福。他无论如何也说不出口，感到羞愧在体内噬咬着、烧灼着他的一部分。古廖夫扶着钢琴，瘫坐在琴凳上。

乐曲结束了。他们鼓掌、尖叫了一阵。瓦尔金像醉意还没消似的，喊道："谢尔盖•谢尔盖耶维奇，您会钢琴吗？您那晚吹的旋律在我脑子里绕了好几天了，是什么曲子，您能弹出来让我们听听吗？"

古廖夫沉默着。好半天，他下定决心，说："是我写的一首前奏曲。"大伙欢呼起来，起哄让他弹一遍。

"我已经不能演奏了。"他怜惜地摸摸琴键，摇摇头，指着太阳穴说："我的神经受不了。但是我可以写给你，如果有谱纸的话。" 多少年了，他没有见过自己的乐曲落在纸上。笔尖颤巍巍地勾出黑色的谱号时，他突然怀疑起自己的作品也都是幻觉。没有比那更可怕的事了。但随后，一串串奔流而出的音符打消了顾虑。写成了，他吹了吹纸面，递给瓦尔金。那个姑娘凑过头去看了一会，叫起来："啊，多美啊。我能试着弹弹看吗？"

古廖夫把琴凳让给她。当她纤细的手指触碰到琴键时，古廖夫几乎站不住了。那是一首他珍爱的小作品，音符以神秘的内在秩序流动着，不附着任何意象，简单而清新，纯净得近乎透明。那姑娘的技术很好，处理得细腻，几乎没出什么差错。乐曲在一片微茫中杳然而尽。地下室半晌没一点声音，随后是震耳、持久的掌声。古廖夫闭着眼，忍住泪水，忽然感到一只手按在他肩上，他回过头去，是穆辛。他又在乐声中出现了。穆辛轻声说："走吧，我们再去试一次。"

青年们都沉浸在刚才的演奏中，谁都没注意到地下室上方，那扇通往花园小径的百叶窗后的眼睛。库兹明在那里趴了很久，看到了一切。他从没遇上过这样的情况，不免有些慌乱。他摸向腰间，枪身的冰凉让他稍微镇静了些。回去搬援兵是赶不及的，他打定了注意，正要只身闯进去，见到古廖夫已上到了一层，低声说着什么，似乎在道别，其他人追上来，话音很响，坚持要送他回去。古廖夫推辞着，说已经没事了，想到野外透透气。最后他终于一个人出了门，从库兹明躲藏的草丛前走过，喃喃自语着，踱出了院子。库兹明瞄了一眼手表，这时是夜里十点钟。他心里权衡了一下，逮住这伙青年显然更重要，有了口供那老人也跑不了。他现在多半是回去睡觉，如果这边顺利的话，后半夜就能上门拘捕他。他听见瓦尔金和几个人还站在房门口说着话，便掏出手枪，沿着墙根的阴影，轻步奔了过去。

八、乌有

古廖夫和穆辛在荒野中漫步走着。

"你瞧，"穆辛说，"他们都被打动了。我们的作品的确是了不起的。而且，比那首前奏曲更好的还有许多呢。"

古廖夫不禁微笑起来。穆辛接着说："不过，我最喜欢的还是那首 op. 116，没有比它更令我心满意足的了。无论如何，我还想再试着演奏一次。"

"可是我……"

"我刚才想出了一个法子，就在你听他们演奏的时候，"穆辛停下脚步，转向古廖夫说，"既然你没法免除恐惧，我们就甩脱它，在旋律中逃遁。我们可以用音乐引发的幻觉，来抵御恐惧引发的幻觉——你还记得那首五重奏的内部是什么样的吗？"

古廖夫想了一下，把四个乐章在心里过了一遍，点点头，明白了他的意思。

两人不知不觉走出了野地，又回到西郊荒凉的街道上。街边坐着一个醉汉，见古廖夫自言自语地走过，觉得奇怪，嬉笑起来。这儿离公寓不远，他们索性回了家，锁上门。穆辛把桌上的钟表一只只拿起来，都弄停了，塞进抽屉里。纯然的寂静——原先是有着细密纹路的寂静——重新填满了整个房间。他们坐好，闭上眼，开始想象。那些钟表停在十点五十分。

半小时前，库兹明挂上电话，搬了把椅子，放在地下室的入口前。他坐好，攥着枪的手放在膝头，听着门板下的响动。紧张稍平复后，油然而生的是得意。那感觉就像用钢笔在几只蚂蚁的周围画了个圈，俯瞰着它们的忙乱和绝望。他第一次体会到抓捕的乐趣，与揣摩文件的乐趣相比，更粗砺，也更立体。他回味了一遍刚才电话中的夸奖，然后提醒自己沉住气，援兵还得有一会才抵达。别大意。

就在瓦尔金等人将古廖夫送出门不久，正倚在门廊上讨论着方才的音乐时，库兹明突然从花园的暗处闪出身来，举着枪，说明了自己的身份，摆摆枪口，示意他们进屋。众人愣了半天，徒劳地辩解着，终于都被他驱赶进屋子。库兹明问明电话的位置后，命令他们逐一走进地下室。他心里真害怕这些人一拥而上。他的射击成绩很差，且不擅搏斗。他小心地监视着，担心他们突然袭击，或抄起什么东西砸过来，直到他们全都举着手，双脚发颤地钻进地下室。他立马扑过去，用脚尖踢倒了门板，身子压上，慌忙地拉上了铁栓。起来打电话给警局时，脚尖还在隐隐作痛。他在心里愉快地咒骂着。

第一乐章的引子，再度将古廖夫和重新想象出的乐队带回到伊宁深水潭边。森林在单簧管温厚的吹奏中重新长成了。古廖夫在旋律间感受到了潭水的冷冽，他潜了下去，在青绿和深棕之间，凝着一团纯黑，是那个传说中通往冥河的洞口。那里并不可怖，反而有种神秘的宁静，引人着迷。乐声从洞口传出，乐队已暗中挪移到了洞中。他正要往里潜游，忽然瞥见一旁的潭底有个人影。那个留八字须，穿灰军服的男人又出现了。他站在水中，一动不动地盯着古廖夫，露出了冷笑。古廖夫强压着心中的惊惧，向洞穴游去。那男人紧跟上来，伸手抓他的脚踝，古廖夫挣脱了，纵身扎进了洞穴的黑暗中。大提琴声奏出一缕不安的暗色调旋律，古廖夫攀住那缕旋律如紧握一根绳索，被扯进了洞穴深处。

引子已结束，他探出水面，站起身来，来到了一条狭窄的甬道中。往前走去，甬道尽头是一间略为宽敞的圆形石室。四壁的石料是深蓝的，散发着淡淡的蓝光，摸上去潮湿而冰凉。乐队已经列坐在石室中了。古廖夫觉察到地面微微起伏，似乎在船舱中。他忽然想起了第一乐章的小标题，叫"鲸厅"。那是他曾经幻想过的场景：音乐厅藏在一只蓝鲸的体内，乐队在海底演奏，乐声融入海水，谁也发现不了。这时他听见一阵呜呜声，自石室外传来。那声调低沉、幽邃，像是外部的黑暗自身发出的鸣啸。古廖夫知道这是鲸鱼临睡前唱的歌谣，这会儿它就要入睡了，沉入海的更深处。第一乐章将在它的梦中奏响。

这是一个幻想曲式的柔板乐章。单簧管徐徐奏出一个宽广而沉静的主题，大提琴在周边烘托出幽暗的氛围，洋流般深厚地裹着它；小提琴的装饰音在暗中摇颤着轻盈的光泽，忽远忽近，追随着单簧管，如同环绕着蓝鲸的鱼群……乐声浸没了石室，四壁的蓝光随曲调变化着浓淡，盈盈动荡着，如同从海底望见的天光。蓝色柔光中，众人的面容都显得异常的祥和，又有些迷幻。主题再现时，比最初多了几分清冷。然后是极其静谧的尾声。

穆辛放下单簧管，心满意足地睁开眼来。古廖夫向他笑了一下，笑容却停滞在完全展开之前。他们不约而同望向上方的石板，那里渐渐变得透明，像开了一道天窗，显露出外面黑沉沉的海水。他们望见远处的黑暗中有一点红光闪动着，愈移愈近，逐渐看清那是一艘血红色的潜艇，直奔他们而来。古廖夫与其说是望到，不如说是感觉到了舷窗中那个男人的身影。他的脸贴在玻璃上，五官因变形而显得恐怖，目光穿过鲸鱼直视着他们。

"还是来了，"古廖夫颤声说，"他追踪到我们了。"
"哪怕躲在海底，"穆辛说，"你还是摆脱不了恐惧。没关系的，我们转移就是。"他手一挥，乐队和乐器都化成烟雾，收进他的掌心里。他们沿着甬道奔回。古廖夫问穆辛那鲸鱼会怎样，穆辛说："你不去想它，它就没事。"

甬道侧面出现了一条方才没有的岔路，是向下的坡道，他们跳进去。这是一条嫩绿的管道，似乎是木质的，打磨得光滑极了，他们在其中下滑了一会，通道又向上抬起，他们越滑越慢，停下时恰好到达出口。

出口处强光耀眼。古廖夫爬起来，发现这是一个殿堂般的空间，富丽堂皇之极，地面、墙壁和高耸的拱顶都是明艳的蔷薇色，当中升起一根金黄的柱子，托着一个金光灿灿的圆形平台，像是供他们演奏的地方。这儿叫蕊珠宫，穆辛说，位于一个花苞的内部，生长在乌克兰大草原的深处，四周有茂草遮蔽。我们现在像游尘一样小，就要在那花蕊上演奏第二乐章。乐曲的声音就算飘到花苞外，也比蝴蝶的呵欠声还细微，再敏锐的耳朵也找不到我们，所以无需忧虑……开始吧。他们的身体飘升起来，上到那根金色花蕊上。穆辛摊开手，像召唤灯神似的把乐队从虚空中搬移出来。一切就位了。

第二乐章是快板，小步舞曲。两把小提琴忙忙地织出典雅而欢欣的旋律，琴弦上像散发出馥郁的香气；中提琴声蜿蜒着，像晨雾中的河流一样朦胧而鲜活；单簧管中升起了朝霞般的乐句，古廖夫看到桃红色的光辉像瀑流似的从花苞的顶端倾泻而下……

正当古廖夫痴迷地坐在他的小屋里狂想着第二乐章时，瓦尔金一伙人已被库兹明的同事们押回了警局。证物也用车运回去了：萨克斯管、架子鼓、几大箱的骨碟和还来不及裁剪的X光片、用来刻录它们的机

器。审讯在半夜一点开始，几乎是立马招了供。他们中领头的青年叫彼得·亚历克塞维奇·阿若京，库兹明认得这姓氏。彼得的父亲是莫斯科有名的工程师，假期才回列宁格勒的别墅居住，平日那儿都空置着，就成了青年们秘密聚会的场所。卖骨碟所得的钱被他们挥霍了大半，所剩不多。警员向他们问起古廖夫，他们都说他和这事无关；直到库兹明拿出那张谱纸，挨个逼问，最后是那个吹小号的青年招认了，供出这是古廖夫写给他们的。

"向非法刻录和演奏的青年团体提供未经审批的乐谱。"书记员在一旁写道。

花苞在第二乐章结束时缓缓绽开了。周围的草叶如庞大的山岭遮蔽着日光，只露出星星点点的蓝空。经过两个乐章的浸润和洗濯，古廖夫觉得身体越来越轻，脚尖几乎沾不着地；胸腔却沉甸甸的，血脉中有什么在鼓涨着，似乎要喷薄而出。他无意中抬头，猛然见到草茎间一只巨眼正盯着他，灰色虹膜上的纹理像荒原上的沟壑。那眼球迅速升高了，然后一片庞大的黑影垂临在他们上空，且越来越大：是那男人的靴底。这一回他镇定了些，看向穆辛，他已把乐队收好了。他们连忙沿原路撤离。飘行了一段，嫩绿的茎管变成了粗糙的岩壁，像是进了一条地底洞穴。飘出洞口，是一个不大的山谷。他们在谷底缓缓落定。山谷周围是银灰色的山峦，呈一环状，像古罗马角斗场的遗迹。荒凉极了，暗沉沉的大地上寸草不生。上方是夜空。古廖夫从未经受过这样深浓的黑暗和了无遮拦的星光，一时有些眩晕。天地之间，没有丝毫的声息，充盈着极度的寂静。

"月球的背面，一座未命名的环形山。"穆辛说，"一团音乐厅那么大的空气包裹着我们，此外全是真空。宇宙是最广阔的隔音壁。"他把单簧管举到唇边，身后的四把琴弓都搭上了弦。古廖夫凝神倾听。演奏开始。

第三乐章是广板，三部曲式，带有圣咏风格。单簧管缓缓奏出一段静穆的和弦，反复几次，节制而宏大，同弦乐组的弱奏相交融，在星空下勾画出一种深渊般的寥廓、一种以世纪丈量的孤寂。中部渐转悲悯，单簧管倾吐着挽歌式的旋律，从管中飘出清莹的光点，一粒，又一粒，飞过古廖的头顶，飘转一下，融解进黑暗中。那是记忆中的一个个名字：消失的，被抹去的，被禁止念出的名字……在抚慰一切痛楚的尾声中，古廖夫觉得自己也要飘举而去了，他尝味到黑暗的醇美……一颗闪着金属光芒的大星，倏然平移过来，划出一道锋利的直线，停在乐队上空。两点红光交替闪烁着，像一对多疑的眼。是卫星。古廖夫知道是谁正操控着它。

他们又一次遁入洞穴，向着最后一个乐章的演奏场所奔去。

这时是夜里两点钟。一道指令在列宁格勒市民警局发布了。库兹明奉命领着几个人，连夜对钟表匠谢尔盖•谢尔盖耶维奇•古廖夫展开抓

捕。库兹明吸取了上次的教训，让汽车停在离十九号公寓楼半条街外的暗巷里，他们步行前往，悄没声息地上了楼道。其余几个警员原是库兹明的平级，对行动由他率领感到不快，而且要抓捕的不过是个老头，提不起劲，在后头磨蹭着，任由库兹明一马当先地摸上楼去。古廖夫站在一片雪地中。他打量四周，见到几株冷杉，叶丛的上层蒙着糖霜似的白雪，下边露出暗绿的边缘，被雪映得近似于黑。几支木棍搭起的篱笆。一个胖乎乎的雪人。远处是一座小木屋，屋顶覆着厚雪，显得圆润可爱，窗口透出黄光。古廖夫觉得景物似曾相识，正要问穆辛，见乐队已在冷杉树下坐好，准备就绪了。燕尾服的黑，提琴的棕红，枝叶的暗绿，在雪地中格外醒目。古廖夫确信这一幕曾在梦中见过。

第四乐章是行板，变奏曲式，大提琴悠然奏出摇篮曲风格的主题，单簧管随之萦回；两把小提琴的音色使得木屋窗口的灯光更明亮了些，黄澄澄地印在雪地上。变奏开始时，下雪了。雪点疏密不定，随着乐声飘转，缓缓降下，滑过树梢，消失在古廖夫的白发中。刹那间，他记起了什么，伸手去接空中的雪粒。饱满，洁白，可一点也不冷。他猛地明白了，这不是真的雪地，他们正置身于一只雪花玻璃球里。那是七岁时父亲从基辅给古廖夫带回的礼物，是他童年最钟爱的玩具（后来不知怎么的遗失了，他大哭了一场）。每晚睡前，他都要看上一会，摇晃一下，总也不腻。摇晃时扬起的雪粒飘进他的梦中。他记不清自己曾往那木屋的窗户和烟囱上涂抹了多少幻想，他多渴望有这么一座小木屋，放在森林边缘，放在静悄悄的雪地上，他和小动物们一起堆着雪人，雪下起来了，他听到屋中的父母唤他回去。那是他所有梦境中最安详、最甜美的一个。乐声中，古廖夫望向落雪的夜空，纷繁的雪屑之间，夜幕深处，隐约浮现出一张孩子的面庞，有着银河一般淡淡的轮廓，正出神地凝望着冷杉树下的乐队。古廖夫认出那是儿时的自己。

夜空突然震荡了一下。树冠上的积雪簌簌掉下来。穆辛睁开了眼，但没有停止吹奏。又一下。孩童的幻影消失了，天幕又恢复了漆黑，且漆黑上爬生出一道道银线，根须一样，蔓延开来。

库兹明走进五楼的走廊时，想起瓦尔金的房间待会也要搜一下，没准还有罪证。他望见古廖夫的房门下透出一线光，心头一宽，随即又觉奇怪，这老人深夜竟还没睡下。他走到门边，毫无必要地先听听里边的动静。在里头。他听见有人正轻声哼着什么，于是拍起门来。

震荡一下接一下传来。天幕上的银线已密如蛛网。玻璃球要碎裂了，古廖夫惶恐地想，见穆辛仍不动声色地吹奏着，平静地看着自己，于是强自镇定，接纳着音乐。震荡渐渐停止了。乐章已近尾声，一个晦暗的变奏中，雪落得极慢极慢，冷杉的枝梢似乎凝结在空气中，没一丝摇颤。木屋的灯光熄灭了。一片沉寂。穆辛身旁的乐手们都已消散，他也变得

近乎透明，向古廖夫飘去，与他合而为一了。古廖夫持着单簧管，独自站在雪地中，吹出了最后的旋律。

公寓的小床上，古廖夫的身体蜷曲着。他感到灵魂中激起一圈圈波纹，应和着乐声，旋动成涡流，不知要往哪倾泻；每个细胞都盛满了虚幻的音乐，体内仿佛有众鸟啁鸣，纷纷鼓动着光的羽翼，像要四散飞去

了……库兹明让到一旁。一名粗壮的警员倒退两步，撞开了门。

九、疑团

1957年11月8日夜，库兹明独坐在档案室里，看着刚刚归档的一份报告。里边详细记录了两天前捣毁骨碟窝点的过程和嫌犯口供。逃犯谢尔盖·谢尔盖耶维奇·古廖夫的照片和外貌描述已发送到各分局，要求进行协同搜捕。初步推测，他逃窜回故乡狄康卡的可能性较大。至于他是如何得到消息，提前出逃，库兹明仍一头雾水。从他公寓的情形来看，应该是当晚临时起意逃跑的，因为房中的衣物、财物都没有带走，灯也没关上——后一点也可能是故布疑阵。

有一件小事库兹明没写进报告中。他默默地在心里给它归了档，搁在"幻觉"的一栏里，可总觉得难以确定。他把报告合上，最后想了一遍，决定就此忘掉。

当他们冲进空无一人的房间，其他警员挠着头咒骂时，库兹明环顾屋内，注意到那张小床前，地板上方几俄寸的地方，悬浮着许多小黑点，曳着细尾，蝌蚪似的，在空中游转；他以为自己眼花，走上前去，凝目再看时，那些黑点已经像盘旋的蚊群、浮荡的粉尘，愈来愈细，且被他带动的气流一激，向窗外飘去，消融在深秋的夜里了。

Lightning Source UK Ltd.
Milton Keynes UK
UKHW050337040222
398174UK00001B/11